O Livro do Amor

Alexandra Solnado

O Livro do Amor

Pergunte, o Céu Responde

Pergaminho

Título: O Livro do Amor – Pergunte, o Céu Responde
Autora: Alexandra Solnado
Editor: Eduardo Boavida
Produção editorial: Fátima Sousa
Revisão: Fátima Sousa
Design da capa: Susana Faria
Paginação: Gráfica 99
Execução gráfica: Bloco Gráfico, Unidade Industrial da Maia

Editora Pergaminho é uma chancela da Bertrand Editora, Lda.

www.pergaminho.pt

1.ª edição, abril de 2022
ISBN 978-989-687-727-9
Depósito Legal: 495 997/22
Código Círculo de Leitores: 1113941

Sobre Este Livro

No dia em que conseguires curar o teu relacionamento com os outros...

... vais conseguir curar o teu relacionamento contigo.

E este é o propósito deste livro.

O de te ajudar, na intenção de seres aceite pelos outros, a retificares a tua vibração.

Acederes à tua alma.

Priorizares a tua essência.

Tornares-te a pessoa mais interessante que conheces.

E depois, ao sentir que os outros te admiram, entenderes que vales a pena.

E fazeres as pazes com a tua imperfeição.

E amares a tua energia.

E curares a tua alma.

Este é o propósito deste livro.

O Livro do Amor é aparentemente um livro para aprenderes a relacionar-te com os outros, mas submerso em como está o teu relacionamento contigo.

Porque o amor salva.

E o amor por si próprio abre todas as portas.

JESUS

Escrever estas mensagens, recebê-las durante quase quatro anos, foi um exercício incrível de Amor.

Jesus ia enchendo o meu peito. A cada vez que Ele ditava, toda eu ficava a formigar com essa vibração amorosa, tão intensa, tão nova.

Ele foi-me ensinando que quando sentia aquela emoção era hora de escrever. Receber do Mestre estas inspirações.

O Livro do Amor mudou a minha noção de energia.

Aprendi a deitar tudo fora para poder receber aquela explosão. Antes, durante e depois de cada "sessão".

Este livro foi escrito propositadamente devagar. Eu não queria acabar. Vou ficar com saudades da vibração.

Mas com Jesus é assim, Ele já está aqui a dizer que é para desapegar porque tenho que me preparar para mais uma aventura.

ALEXANDRA SOLNADO
Rio de Janeiro e Lisboa, dezembro de 2021

O Livro do Amor foi criado por Jesus para ser uma ajuda às muitas dúvidas que todos temos nos nossos relacionamentos. Nos nossos vários relacionamentos.

Talvez um dos mais importantes de todos, o relacionamento connosco próprios.

A nossa essência, a nossa energia original – às vezes tão distanciada do nosso ego, dos nossos objetivos imediatos, não evolutivos.

Sem dúvida o mais impactante de todos, o relacionamento com o céu, com o sagrado, com Jesus.

O que nos faz estarmos no lugar certo à hora certa, o que nos faz subir cada vez mais alto, estar cada vez mais perto.

E também o que mais trabalho nos dá, o relacionamento com os nossos amores – companheiro ou companheira.

Mas também com os nossos outros amores, às vezes não tão óbvios: família biológica, família cósmica – a que nós escolhemos –, amigos, colegas de trabalho. Cada um deles tem uma função específica nas nossas vidas, e quanto mais rapidamente soubermos o que temos a aprender e a ensinar a cada um deles, mas rapidamente a nossa vida vai ficar leve e fluida.

Porque, como diz Jesus, tudo foi "milimetricamente orquestrado" para ser assim. Nós só temos que aprender – apreender – o significado.

ALEXANDRA SOLNADO

Como obter os comentários em *O Livro do Amor*

Para fazer uma questão:

- Sente-se num local confortável.
- Coloque uma música suave e acenda um incenso – opcional.
- Visualize uma luz branca a invadir o seu corpo e os símbolos.
- Concentre-se numa situação, pessoa ou assunto sobre o qual deseje o comentário de Jesus. Neste livro, Jesus comenta sobre relacionamentos. Caso deseje comentários sobre outros assuntos, deverá consultar *O Livro da Luz*[1]. Jesus não dá respostas objetivas, apenas faz um comentário, para que seja a própria pessoa a encontrar as suas respostas. Não se esqueça de que no céu ninguém toca no nosso livre-arbítrio. Podem guiar-nos, iluminar-nos, mas a escolha final acerca de cada questão será sempre nossa.
- Retire lentamente um símbolo, e depois outro, sempre a concentrar-se na sua questão.
- Vá ao quadro da página seguinte: "Quadro dos Símbolos". O primeiro símbolo a ser retirado refere-se à coluna vertical. O segundo refere-se à coluna horizontal.
- No cruzamento das duas colunas, encontrará o número da mensagem que comenta a sua questão. Atenção, ali está o número da mensagem, não é o número da página. Muitas pessoas fazem confusão.
- Leia cada mensagem algumas vezes, para interiorizar o significado e para o adequar à questão que foi feita.
- Se uma mensagem sair várias vezes – ou se alguma resposta não se adequar à sua questão, pense que é porque Jesus quer mesmo que receba essa mensagem, independentemente da questão que fez.
- Caso deseje prescindir dos símbolos, pode pensar na sua questão, e apenas abrir o livro.

[1] Lisboa, Pergaminho, 2010.

Quadro dos Símbolos

O primeiro símbolo a ser retirado refere-se à coluna vertical. O segundo refere-se à coluna horizontal.

No cruzamento das duas colunas, encontrará o número da mensagem que comenta a sua questão. Atenção, ali está o número da mensagem, não é o número da página. Muitas pessoas fazem confusão.

		1	2	3	4	5	6	7	8	9
	10		11	12	13	14	15	16	17	18
	19	20		21	22	23	24	25	26	27
	28	29	30		31	32	33	34	35	36
	37	38	39	40		41	42	43	44	45
	46	47	48	49	50		51	52	53	54
	55	56	57	58	59	60		61	62	63
	64	65	66	67	68	69	70		71	72
	73	74	75	76	77	78	79	80		81
	82	83	84	85	86	87	88	89	90	

MENSAGENS

1

Ama e Pronto

Faz como eu. Ama e pronto.

Eu não preciso de retorno. Não preciso que me amem de volta.

Por isso o meu amor é incondicional.

Eu estou aqui, pronto para amar. Eu não imponho condições ao meu amor.

Não te amo se...

Não te amo pelas tuas qualidades. E consequentemente não deixo de gostar de ti pelos teus defeitos.

Eu amo-te e pronto.

Porque o verdadeiro amor é aquele que ama. Só.

Ele só ama. Ele não julga nem impõe condições. Ele não espera nada em troca. Ele basta-se a si próprio.

Só o facto de amares, de sentires um amor imenso já faz de ti uma pessoa melhor.

Todos dizem que o amor tem que ser por alguém ou por alguma coisa.

Mas não.

O amor, ele só É.

Ele existe ou não existe.

A pessoa vibra pelo amor ou não vibra pelo amor.

E quando vibras pelo amor, acedes a uma das maiores conquistas da alma, porque sendo a alma *amor*, só quer dizer que estás mesmo a vibrar pela tua alma, pela tua energia mais pura.

E agora eu pergunto: como é que alguém, depois de séculos de desamor, isolamento, raiva, dor, revolta, poder, omissão, vitimização, culpa, manipulação, ilusão, medo... como é que alguém, depois de séculos de distanciamento da sua alma...

... consegue finalmente senti-la, e sentir o amor...

... e em vez de o fazer crescer, fazer vibrar em pleno o amor em cada uma das suas células... em vez de aproveitar esse momento sagrado de intervenção divina para se aprimorar como energia, para – nem que seja por instantes – se transformar no ser de Luz que é...

Porque é que, ao sentir esse rasgo de inspiração cósmica – que é o amor – e fazer tudo o que está ao seu alcance para o manter, porque é que essa pessoa reduz tudo e projeta numa outra pessoa?

E mais. Se essa pessoa não corresponde, não ama de volta, ela pura e simplesmente mata esse amor?

Reduz a cinzas?

Transforma em dor?

E mesmo que o amor persista por mil anos, a pessoa vai chorar por mil anos, ou enraivecer-se por mil anos.

O amor, quando chega – e ele chega das mais variadas formas – é só para ser sentido.

Não é para ser projetado em alguém. E esse alguém não pode ter nunca a responsabilidade de o manter ou de o alimentar.

O amor pode crescer, tomar conta do mundo inteiro, só com a força da batida de um único coração.

Desde que ele seja pleno.

Desde que ele não espere retorno.

Desde que ele vibre.

Só.

Faz uma coisa que te digo: vibra pelo amor – por essa substância mágica que foi dada ao ser humano sentir –, para que consigas transformar a matéria numa experiência das mais altas vibrações.

Mas para isso tens que entender:

O amor é teu. Este amor é teu.

É a tua conquista.

É o somatório do teu entendimento, da tua consciência, da tua amplitude e da tua vontade.

E não há ninguém neste mundo que o possa reduzir, magoar, apunhalar ou fazer ruir.

E a partir do momento em que não dependes de ninguém para amar ou para expandir esse amor...

Quando não dependes de ninguém para manteres vivo o fogo do teu peito, aí sim, vais poder alimentá-lo por vidas e vidas cumprindo a missão de todo o ser humano que é a de trazer o céu à terra.

E isso significa tudo.

JESUS

2

Eu Estou Aqui

Eu vim para te ver.

Eu fui embora, é verdade.

Fui, mas voltei. E hoje estou aqui, à tua disposição.

Não como homem de carne e osso, como me querias.

Como morres de saudades e de falta.

Estou aqui em energia. Para ti.

Fui eu que quis voltar. Para estar perto, para poder acompanhar o pulsar dos vossos corações em busca da Luz.

Em busca de evolução.

Cada ser humano que eu sinto enternecer-se com as minhas palavras, é uma alma que vejo subir mais um bocadinho, que vejo afastar-se dessa realidade triste e desafiadora em que vocês transformaram a matéria.

Porque não precisava de ser assim. Não precisava.

Bastava não escolherem *sempre* o mais fácil.

Bastava entregarem-se ao desafio de fazerem crescer a vossa alma.

Bastava olharem para cima e perceberem que o Céu é abundante e iluminado, e quer ajudar-vos a voltar para casa nas melhores condições.

Mas o ser humano esqueceu-se de quem era. Desprezou o sagrado e o eterno.

Achou que só tinha uma vida, e que, como não havia sequência, não havia consequências, poderia vivê-la à custa dos outros.

E agora está assim. Desolado, triste. Um deserto emocional.

E muitos ainda perguntam porque vos deixamos chegar a esse estado?

Nós, aqui em cima, não tocamos nas vossas escolhas.

Tentamos ajudar, tentamos explicar. Mas não podemos pensar por vocês, escolher por vocês.

Por isso eu vim, por isso estou aqui. Porque acho que com o amor da minha presença, talvez vocês percebam que chegou a hora de mudar de rumo e apontar a bússola para o céu.

JESUS

3

Quem És

Eu não sou o que pensam de mim.

Eu não sou a energia que tentam drenar de mim. Essa, podem levar à vontade. Não é minha. Se fosse não saía. Não só não é minha, como está ali a tapar a minha verdadeira energia.

Aquela que não sai nem por nada.

Toda a energia que eu deixo que saia de mim, não me pertence.

Pensa comigo: sempre que estás bem-disposta e alguém diz alguma coisa que te incomoda ou irrita, ou até que faz descer a tua frequência vibratória, é porque aquela boa disposição era falsa.

Era um atributo que estavas a utilizar para receber atenção, carinho e aceitação.

E por estares em busca de aceitação, estavas tão aberta.

E por estares tão aberta, essa energia crítica pôde entrar.

No dia em que fizeres o teu mergulho espiritual tão profundamente que conseguires passar por todas as camadas de defesa e dúvidas, nesse dia vais encontrar a tua energia, a tua natureza.

E tudo o que sair daí não vai poder ser drenado. Porque é teu. Pertence-te.

E o que é do ser humano, o que é intrinsecamente dele, não há nada no mundo que possa tirar.

Por isso, fica com este pensamento.

"O que me tiram, o que me derruba... é uma bênção que vem para levar embora o que não é meu. E porque vivo na dualidade, só sabendo o que não é meu é que vou descobrindo o que sou eu."

E quando entenderes isto profundamente, vais a correr procurar a pessoa que te desencorajou, que te criticou, para lhe dares um abraço do tamanho do mundo que mostre a gratidão por ela te ajudar a saber quem és todos os dias.

JESUS

4

O Teu Eu Mais Feliz

Existe um desinteresse. Um desinteresse verdadeiro.

O ser humano não pode querer amar o que não ama.

Não pode querer iludir-se que ama, só para que o mundo que criou não rua. Não fique em ruínas.

Os seres humanos têm que ser honestos com tudo.

Consigo próprios, com a sua energia e com a do Universo. Porque tudo o que é forçado tem implicações sérias na energia do Universo.

E a melhor forma de entender a situação e de ser honesto com a energia, é:

Fecha os olhos e respira.

Pensa numa ilha deserta. Vai para a ilha deserta. Uma ilha linda, com sol e banhos de mar quentinho.

Com uma casinha, com tudo o que gostas.

As tuas músicas, os teus livros, os teus filmes. Fica aí um pouco a encheres-te de ti própria.

Agora pergunta: Essa outra pessoa em quem pensas tem cabimento aí nessa vida? Ela pertence ao teu Eu mais feliz?

Se sim, tens o problema resolvido. Vai atrás dela e fá-la ver a ligação. Porque se ela cabe na tua energia mais feliz, provavelmente também cabes na dela.

Agora:

Se não a vês aí onde a tua alma brilha, já tens a tua resposta.

Já sabes o que fazer.

E eu vou estar aqui, para te dar colo nos momentos mais difíceis.

JESUS

5

Não Querer Perder

Quem não quer perder nada normalmente perde tudo.

Porque não coloca a sua energia mais profunda em nada.

Porque não se concentra.

Concentra. Energia concêntrica. Que se estabelece em um só centro.

E essa energia concêntrica é o que faz a energia rolar para um lado. É o que manifesta o livre-arbítrio.

É o que promove a escolha.

Porque escolher não é pensar. Não é raciocinar e muito menos comunicar. Parece que vocês aí em baixo só se relacionam com a mente.

Escolher verdadeiramente, utilizar o livre-arbítrio na sua aceção mais original, é vibrar. É fazer pender a energia.

É focar. É prescindir de tudo o resto.

Pois, como podes ver, escolher, focar, concentrar, têm uma energia tremenda. Se forem manifestados de forma correta, podem fazer as coisas acontecerem.

E qual é a forma correta?

A forma correta de escolher é focar numa coisa e prescindir do resto.

Como podes depreender, quem não quer perder nada, quem quer tudo, o melhor dos dois mundos, não quer prescindir.

Não quer escolher.

Não foca.

Não concentra.

Não pode nunca fazer as coisas acontecerem.

JESUS

6

Solidão

Estás sozinha. Estás com o outro.
Estás sozinha, estás com os outros.
Estás com o outro.
Estás sozinha. Estás com o outro. Estás com os outros.
Estás com o outro. Os outros. O outro.
O outro. Os outros.
O outro. Outro os outros. O outro.
E tu?
Porquê não ficas sozinha?
Porque não ficas contigo?

Na sociedade que vocês criaram, aí em baixo...

Só fica sozinho quem não tem absolutamente mais ninguém para estar.

Aqui em cima, no céu...

Só fica com os outros mais do que metade do tempo quem não aguenta ficar sozinho.

Porque ficar sozinho não é o que vocês pensam.

Quando a pessoa fica sozinha, existem milhares de equações químicas e energéticas que se criam, que se estabelecem.

Quando a pessoa está com o outro, recebe uma carga energética que tem uma vibração diferente da sua original.

Pela energia em si que vem na sua direção, pelas palavras que não são dela, pelas ideias do outro que não estabelecem ressonância absoluta com a sua vibração.

Por isso é normal que a pessoa tenha que se resguardar para absorver o que faz concordância energética e para repelir o que não faz.

E depois desse tempo consigo, em que consegue centrar-se outra vez, pode voltar para a companhia do outro para novamente iniciar o processo.

E assim a pessoa vai ficando cada vez mais rica, pois recebe e integra só o que já é dela e o que confere com a sua energia.

E se a pessoa não fica consigo própria? Se está sempre com os outros?

Como é que este processo se dá?

A pessoa recebe uma carga muito grande de energia, palavras e ideias, não consegue filtrar as que conferem consigo, e como não sai da companhia do outro, logo recebe mais uma nova carga.

Vezes sem fim, vezes sem fim.

E essa carga vibratória hostil só vai enterrando a sua energia mais verdadeira.

E a pessoa, como já não vibra nela própria, começa a precisar da energia do outro.

E fica viciada. E já não consegue ficar consigo, porque o seu Eu está por baixo da avalanche energética de tantos "outros" da sua vida.

E essa é a morte da essência. E essa é a morte da Alma.

JESUS

7

Vazio

Às vezes sentes falta de alguém de tal forma que queres voltar.

Às vezes, a falta que sentes de alguém é tanta, que te turva a vista. Não consegues ver a situação com clareza suficiente.

Essa falta passa a ser o filtro da tua visão.

E relativizas tudo.

E o que era mau deixa de ser tão mau.

E o que era triste passa a ser suportável.

E o que era injusto, de repente ganha laivos de aceitável.

É o próprio buraco emocional em que te encontras que molda a visão que tens das coisas.

E é aqui que tens duas hipóteses:

Ou acreditas na visão romanceada, ativada pela falta, e voltas para viver uma vida de sofrimento e de dúvidas...

Ou olhas para o teu buraco emocional, olhas finalmente para o teu peito e tentas entender que falta é essa, que qualquer pessoa te serve, qualquer relação é aceitável, desde que não te deixe sozinha.

Ouve o que te digo:

É quando aceitas algo que não te ilumina que estás a denegrir-te.

É quando queres ir atrás do que te diminui, que estás a desrespeitar-te.

"Mas eu não consigo viver longe dessa pessoa", dizes tu.

"E consegues viver longe de ti?", pergunto eu.

Pensa que só no dia em que te respeitares, só no instante em que conseguires colocar a tua felicidade em primeiro lugar, é que a vida vai ter que dar uma volta de 180 graus para te devolver o espelho do que escolheste para ti.

Só no dia em que decidires que a prioridade não é estar sozinha ou acompanhada...

No dia em que perceberes que a primazia da tua vida reside na tua própria energia...

Nesse dia estarás preparada para te relacionares sem dependências ou omissões.

Até lá, trata do teu peito. Limpa-o e enche-o de alegria. E vais ver que o tempo que gastares nessa tarefa, talvez seja o tempo mais bem gasto da tua vida.

Porque é nessa altura que eu desço e começo a poder entrar aí.

JESUS

8

Opção

"Ficar sozinha não é uma opção."

Oiço muitas vezes esta frase por aí.

E oiço essa frase na pior das circunstâncias.

Parece que quanto mais a pessoa necessita de ficar consigo própria, quanto mais está afastada de si, mais verbaliza essa ideia.

"Ficar sozinha não é uma opção."

E energeticamente ainda é mais absurdo, pois quanto mais a pessoa foca em não ficar sozinha, menos foca na escolha e enquadramento da pessoa que vem por aí, na pessoa que quer junto de si.

E à força de não querer ficar sozinha, acaba por aceitar o que vier.

Acaba por receber nos seus braços e na sua vida algo que nem sequer passou pelo crivo da sua energia.

Aqui não está em causa se as energias são compatíveis. Não está em causa se há ressonância energética. Não está em causa se a junção das duas almas é evolutiva e vai levar-vos para um grau mais alto de frequência vibratória.

Nada disto está a ser posto em causa, porque o foco principal ainda é:

"Ficar sozinha não é uma opção."

Mas há mais.

Ao escolheres aceitar a primeira companhia que te aparece, ao abraçares a primeira opção, ao prescindires do livre-arbítrio, da escolha, da compatibilidade, estás a travar todo o movimento que o Universo está a fazer para realmente trazer um grande amor à tua beira.

Menos condições vais ter para atrair essa pessoa tão especial para a tua vida.

O ser humano foi programado para ficar sozinho?

Não. Pelo menos, não completamente.

Mas também não foi desenhado para não olhar para si próprio, e consequentemente aceitar a primeira pessoa que aparece.

Pensa nisso.

Pensa nisso com carinho.

JESUS

9

Amor Incondicional

Existe um tipo de amor que é o sagrado.

É o amor cá de cima, o que sentimos por vocês.

Esse amor sagrado, cá de cima, não é o que vocês sentem uns pelos outros.

Porque é um amor mais alto. É o amor que nós, seres evoluídos, conseguimos sentir por vocês. Porque não esperamos nada em troca. Porque não nos impressionamos com as vossas incapacidades. Porque não dependemos da retribuição do vosso amor. Porque não nos incomodamos quando vocês não olham aqui para cima.

Por isso é que é chamado de Amor Incondicional.

Porque ele não impõe condições.

Ele ama. Só ama.

E vocês, de vez em quando, até podem sentir esse amor.

Podem e devem. Faz-vos bem. Amplia e eleva a vossa alma.

Mas direcionem esse amor aqui para cima.

Olhem para nós. Amem-nos assim, incondicionalmente. Porque nós, povo do céu, estamos em condições de responder a esse amor de forma incondicional e irrestrita. Temos essa capacidade. Temos essa sabedoria.

Qual é o problema, então?

O problema é quando vocês direcionam esse amor para o outro. Para outro ser aí de baixo, da terra.

Quando isso acontece, é denominado ilusão.

Porque esse amor não está a ser incondicional. Tu não estás preparada para ver e integrar as dificuldades e lamentações do outro.

Amas tudo o que vês? Vês tudo e aceitas a imperfeição? Provavelmente não. Apenas te iludes, achando que é tudo perfeito.

O teu amor não é incondicional porque não está a ser direcionado aqui para cima. Porque não andas a meditar, porque não andas a olhar para nós.

E se continuas assim, mais cedo ou mais tarde vais ser confrontada com a desilusão.

Porque mais cedo ou mais tarde vais ter que ver o bom e o mau, a capacidade e a limitação, e não estás preparada para lidar com isso tudo. Para aceitar e integrar isso tudo.

E vais rejeitar. Vais achar que a pessoa mudou. Podes até achar que a pessoa te traiu, que não se mostrou antes. Não se mostrou ou não quiseste ver, porque estavas ocupada em idealizar?

Por isso, faz assim, começa agora.

O amor daqui, aquele que ama só, que acha que é tudo perfeito, incrível e abrasador, esse, direciona para mim.

Porque sabes, sendo eu a energia mais alta antes do Uno, antes de Deus, eu sou isso tudo e muito mais. E podes amar-me dessa forma porque eu nunca te irei desiludir.

E guarda o amor mais terreno, mais realista para a pessoa que amas.

Aprende e aceita desde já que a pessoa para a qual direcionas o teu amor é imperfeita. E ainda bem, para poder crescer todos os dias. E que a sua imperfeição abre uma porta magnífica para que tu também sejas imperfeita, para que também tu possas crescer todos os dias.

Porque, em última análise, crescer todos os dias é o que vocês foram fazer aí à terra.

E vais notar que esse amor terreno e realista é mais libertador, mais leve e te aproxima mais do ser que amas.

Seja quem for. Amante, filhos, amigos, ou companheiro/a.

E quando perceberes esses dois tipos de amor, o sagrado e o terreno, vais poder olhar para mim, abrir o peito e deixar que o teu coração vibre com a existência de uma Luz que é maior que tu, maior que a vida.

Maior até que o próprio Universo.

Jesus

10

Saudades

Quando estiveres com muitas saudades, muitas mesmo...

Quando o teu coração parecer que vai rebentar de falta, de aflição, ama-te mais.

Lembra-te dos teus dias mais lindos, mais iluminados. Dos teus momentos mais felizes.

Vai buscar a tua magnitude, a tua determinação, aquela vontade de ser livre que tinhas quando eras mais nova.

Vai buscar a vida a vibrar dentro de ti, vai desencadear a emoção de poderes acordar todos os dias e poderes sorrir, só porque a vida te dá essa oportunidade de estares viva.

Quando as saudades apertarem mais, quando te lembrares daqueles momentos únicos, de mãos dadas, perto do paraíso...

Nesse minuto, sente a mão da minha presença.

Evoca-me. Olha para cima e acredita que eu virei.

Porque é nesse momento de dor, de fragilidade absoluta, que estás preparada para me receber.

Para te renderes.

Porque é quando tu te dissolves na emoção que eu posso entrar na tua energia.

Para lapidá-la. Para engrandecê-la e fazê-la subir até aqui ao pé de mim.

Se podes ficar nesse estado de rendição absoluta sem estares triste, sem estares em dor?

Claro que sim. Quantas pessoas se rendem ao céu, à energia, por pura felicidade?

Mas não são todas.

A maioria precisa de uma grande dor para entrar em contacto consigo própria, com as suas emoções e fragilidades.

E as saudades são isso. Uma oportunidade de retirar o foco do outro, retirar o foco do ego – que é quem duvida da precisão desta situação – e colocar o foco na emoção do "não posso fazer nada, só sentir umas saudades imensas e chorar".

Fica sabendo que é essa impotência pura que leva à ascensão.

E sempre que te sentires assim, saudosa e triste, tenta focar no teu peito, abri-lo, para que eu possa escorregar por um raio de luar e entrar definitivamente na tua energia.

JESUS

11

O Dia do Início

Hoje é um dia bom.

É um dia de início.

É como se a energia tivesse fechado um ciclo e aberto outro. Mais adequado, mais pacífico e duradouro.

Tudo o que for feito a partir deste ponto florescerá.

Vibraste por uma energia mais próxima das tuas vontades espirituais. Das tuas tendências energéticas. E cada vez que uma pessoa vibra mais perto da sua mais alta frequência, cada vez que ela se desprende da negatividade e aceita – contra todas as orientações aí de baixo da matéria – escolher emoções mais bonitas e mais claras, todo o Universo se encaixa nessa nova vibração.

Eu sempre disse que não é preciso muita gente vibrar mais alto para modificar a estrutura essencial do Universo. Basta uma pessoa realmente se comprometer em elevar a sua energia para que o milagre se dê.

E hoje, essa pessoa foste tu.

Jesus

12

Entrega

Entregar é aceitar perder o controlo. É prescindir do comando das operações.

É compreender que a vida é maior do que tu e é ela quem lidera o rumo dos acontecimentos.

Cada vez que controlas, prendes. Travas. Seguras. Não deixas fluir.

Não deixas que a vida te leve a subir mais um degrau na tua evolução.

Controlar é olhar para o que já se conhece.

Controlo é falta de fé. Falta de fé na vida, na energia, e, em última análise, falta de fé em mim.

Entrega. Entrega-me as tuas ânsias, os teus desalentos, as tuas desilusões.

Entrega-me a tristeza das coisas não terem sido como imaginavas, não terem sido o centro do teu Universo.

Cada vez que um ser humano desloca a energia do "controlar" para o "entregar", cumpre-se mais uma etapa da humanidade. A população inteira passa a vibrar mais alto pelo facto de tu teres tido esse discernimento.

Nota, portanto, que o controlo que tentas exercer nesta situação não é um problema só teu.

É de todo o Universo.

Por isso é natural que todo o Universo se conjugue para que pura e simplesmente não aconteça aquilo que pretendes controlar.

Porque ele secretamente sabe que se começares a ver que nada acontece, se começares a compreender que quanto mais tentas controlar, mais as coisas te vão fugir ao controlo, pode ser que seja desta vez que decidas desistir de alimentar essa força do "eu quero porque quero" de que é feito o teu ego e decidas tomar o impulso e fazer a tua escolha.

E como o que é importante não é o que tentas controlar e sim o controlo em si, também é verdade que o que é importante não é o que entregas, mas a entrega em si.

Por isso, faz isto.

Entrega. Deixa correr.

Deixa fluir.

E vais perceber que onde a vida te levar a partir daí, é exatamente, sem tirar nem pôr, o local mais preciso onde deverias estar.

JESUS

13

A Falta

A falta de alguém é simultaneamente a presença de si própria.

É na falta de alguém que tu sentes o teu Eu na sua maior plenitude.

É claro que se o sentisses na presença dos outros, se conseguisses sentir e realizar a tua própria energia quando estás na presença de outras almas, nada disto precisaria de estar a acontecer neste momento.

E é assim mesmo. Numa primeira fase a falta do outro provoca um mal-estar muito acentuado.

Mas pensa assim: Se és uma energia autónoma – apesar de integrada no todo – porque é que te sentes tão mal quando retornas à tua autonomia?

Quando ficas em ti, contigo?

Só há uma resposta.

Porque nos últimos séculos, nas últimas vidas, confundiste-te. Associaste a presença do outro à tua própria energia.

É mais fácil olhar para fora, colocar o foco fora de ti própria.

E nesse "fora", onde há luz, cor e movimento, resolveste colocar os teus esforços. E como a tua energia original não se vê fora – só vais mesmo vê-la se te concentrares dentro de ti – achaste que o que estava fora eras tu.

E transferiste.

Transferiste a tua capacidade de existir para o outro.

E a vida, que não é mais do que uma grande mestra, teve que tratar de retirar esse outro no qual tu repousavas todas as tuas aspirações.

Para que não houvesse absolutamente nada para ver lá fora, e com isso fosses obrigada a olhar para dentro e reflorestar a tua própria natureza.

Mas não é isso que estás a fazer. Como achas o teu interior desconfortável e escuro, continuas a olhar para fora à procura do que se foi.

E arriscas-te a despenhar todo esse esforço que a vida fez para harmonizar.

Arriscas-te porque, na negação em olhar para dentro, qualquer dia estás a arranjar uma outra alma para substituir a que se foi.

Tudo para não transferir o olhar para onde ele tem de ir.

Dentro.

E se chegares a fazer essa substituição, se chegares a encontrar essa outra alma, a vida – a mestra – não vai ter outra opção senão voltar a retirá-la, voltar a encaixar o teu foco em ti própria.

Não digo que isto é para sempre.

Não digo que vais ficar sozinha o resto da vida, a olhar para dentro e a despertar a tua vida interior.

Digo que *agora* é assim. E se fizeres o que te digo, se aproveitares esta fase para meditar, interiorizar, harmonizar e evoluir, muitas bênçãos vão descer devagarinho e entrar nesse teu coração de navegante.

E um dia quando acordares, terás chegado ao destino mais improvável e incerto, mais suave e pacificador.

Terás chegado a ti.

JESUS

14

O Fundo do Poço

O fundo do poço é um lugar sagrado. É desse lugar que saem os mais incríveis lampejos.

É o lugar zero, de onde ainda não se foi a lugar nenhum.

O fundo do poço deveria ter outro nome, uma fama mais justa.

É um lugar neutro que permite as mais variadas escolhas.

É a encruzilhada que tem o maior número de saídas.

Todo o tempo que demores aí, nesse lugar aparentemente sem expressão, é um tempo de autorreconhecimento energético.

Desde que não tenhas pressa para sair.

Desde que saibas que é um tempo sagrado de consolidação.

Só podes mexer-te para dar um primeiro passo no dia em que souberes quem és e o que vieste aqui fazer.

Enquanto esse dia não chegar, o fundo do poço é um lugar seguro, de auto-hibernação e isolamento.

Parece que tudo acabou?

Sim!

E é por isso que bate o desespero. É por isso que o ego tenta controlar.

Numa primeira fase, tenta fazer-te voltar ao caminho antigo.

Mas não dá. Esse já foi, já não volta. O próprio facto de teres saído do caminho antigo para ires para o fundo do poço já te transformou como pessoa.

Depois o ego tenta levar-te para o caminho mais óbvio. Um caminho que talvez até já tenhas estado há algum tempo e que está abandonado.

Até tentas ir, mas o corpo não vai.

Não tem força.

E é nessa altura que começas a ficar preocupada.

Como não há nenhum caminho óbvio, nem conhecido, nem provável que consigas seguir, e como a vida continua a pedir-te para ficares parada, parece que as coisas começam a ganhar alguma gravidade.

"Então vou ficar aqui para sempre?", pensas tu. "Isto é horrível!"

É nessa altura que está na hora de olhar para dentro. O que é que o teu corpo quer, o que é que o teu coração pede e que a tua Alma precisa.

Que caminho é esse, completamente inusual, e fora do circuito dos caminhos das pessoas?

Que frequência vibratória é essa que só te apetece ficar ali, a pensar sobre aquilo, a vibrar sobre aquilo...

A alimentar aquilo...

A aprender aquilo...

A ficar ali...

E muito devagarinho... – e isto só acontece no dia em que consegues calar o teu ego, pois percebes que ele é o rei do óbvio, e o que tu estás à procura nesta fase é de alguma coisa mais subtil, da cor da tua alma.

E muito devagarinho... parece que algo em ti vai começar a submergir dos escombros de toda a tua vida que entretanto ruiu – porque paraste de alimentar os velhos padrões.

Daquela ruína imensa, um dia, parece que uma luzinha começa a acordar.

E como já sabes que estás à espera dela – pois tudo o que é escuro está gasto na tua jornada –, vais gritar de alegria que finalmente entendeste tudo o que aconteceu para te trazer até aqui agora.

E vais alimentar essa luzinha.

Em que estado é que eu estou quando ela brilha mais?

Quais são as coisas que eu faço que a iluminam?

E nesse cuidado diário vais começar a torná-la o elo principal da tua existência.

Cada vez mais. Cada vez mais.

E nessa altura já não estás no fundo do poço. Nessa altura estás num sítio iluminado, em que o ser na terra descobre a sua alma no céu, e começa a trazê-la devagarinho aí para baixo.

Para que ela viva contigo e dê significado a tudo o que tiveste que passar para chegar aqui.

Porque, na realidade, o que as pessoas acham que é o fundo do poço não é mais do que o início de um caminho tão improvável quanto enterrada estava a Luz que o vai iluminar.

JESUS

15

Abre Mão

Abre mão.

Abre mão de tudo.

Prescinde de tudo o que tens preso a ti agora. Pessoas, coisas, relacionamentos, tudo.

Abre mão de tudo.

Entrega-me tudo o que achas que tens, o que achas que é teu por direito, ou por vida.

Dá-me isso tudo. Deixa que saia da tua energia, devagar.

Deixa que seja devagar para que as raízes que deixaste entranhar em ti saiam intactas e deixem lugar para novas e fulgurantes coisas.

Fica assim, muito tempo, a sentir que cada coisa que tomavas como tua saia, inteira, de ti.

Fica assim, quieta, para que a tua energia original devagarinho possa ocupar todo o espaço deixado pelo vazio das coisas que estavam aí, mas que não eram tu.

E depois de muito tempo, quando conseguires finalmente vibrar por ti própria, vais olhar para trás e perceber a quantidade de estrada que já caminhaste em direção à Luz.

Em direção a mim.

JESUS

16

Fica Aqui

Queria dizer-te que estou sempre aqui, para ti.

Para que a tua vida seja mais leve, mais suave e mais bonita.

Eu sei que viver não é fácil. Vocês são seres complexos, e a dualidade da matéria não ajuda.

Onde estavam antes de encarnar era um lugar de amor incondicional. Não impúnhamos nenhuma condição para que fossem amados e essa sensação mantém-se até hoje.

Saudades do Céu. Falta do Absoluto.

Aí em baixo tudo é relativo, por ser dual.

Nunca nada está completamente bom.

Por outro lado, também nunca nada está completamente mau.

Há sempre alguma coisa bonita a acontecer.

Por isso é que no meio de uma guerra, na maior escuridão desse mundo, de repente um bebé nasce. A vida volta a manifestar-se.

Pensa que eu estou aí, dentro de ti, quando achares que não há solução. Concentra-te nas coisas boas, e segue essa sensação.

E logo vais conseguir escolher o caminho a tomar. Terá sempre que ser um que te eleva e anima.

E enquanto isso, fica aqui, em mim.

Fecha os olhos, sente-me em ti, e chora.

E quem sabe se uma dessas lágrimas que deitares, não vai buscar um oceano de possibilidades novas para a tua vida futura.

Enquanto isso, fica aqui em mim. Fica aqui em nós.

JESUS

17

Libertação

O Céu hoje está em festa.

Tocam os sinos, trombetas, tocam-se sons flamejantes.

E isto tudo só porque tu decidiste escolher.

Escolher-te a ti própria, em detrimento de qualquer outra coisa.

Aceitaste abrir mão do que te prendia, do que te vinculava a uma única frequência vibratória, e assim preparaste-te para acolher as infinitas possibilidades que o teu caminho apresenta.

Sei que não foi fácil.

Sei que ainda não é fácil às vezes.

Mas sabes para onde vais e com a tua escolha iluminas os caminhos de várias outras pessoas.

Porque és uma inspiração para elas.

Porque elas olham para ti e acreditam que é possível viver em Luz, pela Luz e para a Luz.

Porque sabes que a Luz és tu.

JESUS

18

O Que É

Vai com calma.

Aqui o que está em causa não é o que tu *queres*.

O que está em causa é o que *é*.

E o que tu *queres* e o que *é* podem estar a quilómetros de distância um do outro.

A única coisa que tens de fazer é prescindir do que *queres* e conectar-te com o que *é*.

Sem te apegares a nada.

Sem tentares ajeitar o que quer que seja.

Olha para o que *é*, sem ilusões. Sem julgamento. Sem reação.

Olha só para o que é e age em conformidade.

O ego quer sempre ganhar. Quer competir e ganhar.

A alma não precisa de competir porque ela não quer ganhar. Ela só quer ser. Ela só quer amar.

Ela só quer relacionar-se com o que *é*, sem ilusões e sem ego, pois assim não só consegue ajudar-te a escolher mediante o que é – sem atalhos ofuscantes que não te deixam ver a realidade – como consegue que vibres por ela – Alma – durante esse processo.

E a realidade é que cada minuto a mais que vibras pela Alma em direção à Luz, é um minuto a menos que acionas padrões repetitivos de comportamento egóico que te aprisiona – quem sabe há milénios.

Por isso, voltando:

Tem calma. Olha primeiro, vê o que *é*, sem ilusões. E depois, se sentires que é para ti, avança.

E esse avançar não tem erro. Não há nada que possa ser tirado de uma pessoa que avança conectada com a sua Alma.

JESUS

19

Próxima Mensagem

É claro que este livro é ótimo para receberes respostas às tuas infinitas questões existenciais acerca dos relacionamentos entre as pessoas.

Não tenho dúvida disso.

Não tenho dúvida de que vais beneficiar muito com a leitura deste livro.

Até porque, e na mesma linha do outro livro – *O Livro da Luz* –, eu não só dou respostas às tuas perguntas, como te ajudo com outras lições que podes integrar na tua vida facilmente.

Lições que, uma a uma, resposta a resposta, vão somando até um dia seres capaz de compreender esta lógica do céu e começares a viver aí na terra como se estivesses cá em cima.

Como se vivesses em Luz.

E vais ver que a tua vida vai tornar-se abundância pura.

Abundância energética, emocional, e, consequentemente, material.

A restrição material é um espelho da restrição energética e emocional.

Esta foi uma mensagem que te queria dar.

Mas a resposta à tua pergunta está na mensagem seguinte, que é complemento desta.

Continua na próxima mensagem...

JESUS

20

Respostas do Céu

Hoje vou ensinar-te a receber respostas do céu, sem teres que utilizar este livro.

Ele é ótimo, responde às tuas perguntas, mas está na hora de avançar.

Quero falar-te acerca do zero. Talvez um dos estados mais difíceis de alcançar.

E porquê? Porque o ego tem como função manter a vossa mente ocupada.

Promover a dualidade.

Se tu pensares numa coisa só, sais da dualidade, sobes ao UNO, acedes à Alma.

E o vosso ego não pode permitir isso. É função dele manter-vos aí em baixo para que possam sobreviver na matéria.

Ele não compreende o equilíbrio. Metade do tempo aí em baixo, metade do tempo cá em cima.

E eu ainda estou só a falar do UNO. De se concentrarem numa coisa só. Como quando ficas hipnotizada quando focas numa vela, ou nas ondas do mar, ou ainda quando apenas contemplas o infinito sem procederes a quaisquer análises.

O UNO é muito perigoso para o teu ego.

E este, para se defender, envia pensamentos confusos para não te deixar subir.

Sempre que há mais que um pensamento na tua mente, ele perpetua-se na dualidade.

Agora imagina avançares neste conceito e acederes ao zero? Ao não pensamento? Ao nada total?

Muito difícil.

Pelo menos muito difícil por muito tempo.

Por isso é tão raro.

Mas é um estado superior ao Uno, é um estado em que o teu campo energético está vazio de matéria, e completamente disponível.

E é essa disponibilidade que faz com que possas receber as visões, as mensagens, as respostas.

É nesse zero absoluto que a verdadeira conexão se dá e que o ser fica pronto para testemunhar o movimento do Universo.

Pois é nesse estado que podes conversar comigo.

Faz assim:

1) Primeiro faz uma Autolimpeza Espiritual[2].

2) Depois fica só assim, a prescindir de tudo o que não é teu.

3) Depois recebe a minha Luz.

4) Faz a tua pergunta.

5) E fica no zero até chegar a minha resposta.

É difícil? Sim. Mas possível.

E quando acederes nem vais acreditar no que te aconteceu.

Se tiveres dificuldade repete algumas vezes até ao ponto 3. Para te preparares energeticamente.

Só depois de sentires que realmente estás em Luz é que podes fazer os pontos 4 e 5.

E é isto. Este é o trabalho de casa que te dou. Para que evoluas. Para que pares de depender de um livro e ganhes a tua autonomia.

Para que recebas também a minha Luz – não só as minhas palavras.

Para que ganhes paz no teu coração e a minha presença na tua vida.

Para que um dia, depois de conseguires chegar ao estágio em que já conectas comigo e me ouves, possas olhar para o céu e piscar-me o olho porque sentes que juntos elevamos a tua vida a um nível nunca antes conhecido.

JESUS

---

[2] Para fazer a Autolimpeza espiritual, aceda a:
Portugal: Meditação Limpeza Espiritual – http://alexandrasolnado.com/por/flash/pgc/limpeza-meditacao/ – E-Book Limpeza Espiritual: http://alexandrasolnado.com/por/flash/pgc/limpeza-ebook/.
Brasil: Meditação Limpeza Espiritual – http://alexandrasolnado.com/bra/flash/pgc/limpeza-meditacao/ – E-Book Limpeza Espiritual: http://alexandrasolnado.com/bra/flash/pgc/limpeza-ebook/

21

Sente-te

Há um estado em que o ser humano pode chegar quando está em meditação. Um estado em que sobe, sobe até se fundir na minha energia.

E esse é o estado em que todos querem ficar. Não querem voltar. Não querem sair daqui.

É o estado do êxtase.

É um estado Uno, muito parecido com o "entre vidas", quando estavam aqui em cima, antes de encarnar.

E esse estado é possível de alcançar, mas é preciso dedicação.

É preciso sair da vibração da vida quotidiana. É preciso deixar de *querer*, deixar de pôr força nas coisas.

É preciso sentir os aspetos insignificantes da vida, tal como o voar de uma pena, o baloiçar de uma folha que se soltou da árvore, o abrir de uma flor que sente o sol, ou o olhar curioso de uma criança quando vê um animal pela primeira vez.

Ser sensitivo é ser extremamente sensível. Sensível para receber o mais improvável dos movimentos e identificar a energia.

E é só nessa altura em que o ser passa de bloqueado a sensível, de sensível a sensitivo, que ele vai poder subir e estar comigo.

Porque só no momento em que tu consegues sentir-te a ti é que consegues sentir-me a mim.

E esse é o estado que precisas de alcançar.

E o que é que isso tem a ver com a minha pergunta? Dizes tu.

Tudo. Digo eu.

Porque enquanto não conseguires sentir-te a ti e consequentemente sentir-me a mim, vais ficar a colocar o teu foco nos outros, a apegar-te aos outros, a querê-los na tua vida de uma forma não harmoniosa.

Vais querê-los mais a eles do que te queres a ti.

E a vida, por ser uma energia inteligente que te ampara e guia, vai estar sempre a tornar difícil essa tarefa de teres sempre gente à tua volta. Para te obrigar a sentires-te. Para te ajudar a sentires-me.

E para depois quando esse processo for fácil para ti, poderes então ir para o outro levar-te, mas não mais procurar-te lá porque já não te encontras aí dentro.

E nesse movimento de levar-te aos outros levas-me a mim aos outros.

E enches os outros de mim. E à conta de eles tentarem encontrar-me a mim dentro deles, acabam por se encontrar a si próprios.

E essa é a tua missão.

Encontrares-te, encontrares-me, levares-te, levares-me, e nisso ajudar os outros a encontrarem-se.

Queres missão mais bonita que esta?

E eu vou estar aqui sempre, para te orientar e guiar. Para te incentivar. Para te amar por teres tentado. Para te encher de Luz por teres conseguido.

JESUS

22

Amar em Liberdade

Mergulha dentro de ti própria.

Mergulha dentro das tuas emoções, das tuas ligações.

Põe tudo em causa. Não deixes nada ficar aí dentro que não seja teu, que não venha de ti.

Que não seja fruto do que tu gostas e do que te inspira.

Vai ao mais profundo do teu Eu, para que te encontres contigo, e para que uma conversa do Eu com o Eu tenha lugar.

Fala com o teu Eu como se falasses com um ser amigo, amoroso e gentil, que não vês há muito tempo e do qual sentias muita falta.

Fica aí, a conversar com ele, a senti-lo.

Depois, dá-lhe um abraço.

Sente. Sente a sua energia.

Deixa que o coração dele entre no teu. E deixa que ele cresça. Tudo muito devagar. Sente como ficas com um coração gigante.

E quando estiveres a explodir de energia, abre o peito. Abre o peito e deixa que esse teu Eu invada a tua casa, a tua vida.

Os teus caminhos e as tuas ligações.

Deixa que o teu Eu entre no coração da pessoa que tu amas.

Das pessoas que amas.

E esse teu Eu no coração delas vai fazer fusão.

E vais ficar ali, um pouco,
em fusão com o coração delas.

Não é fusão com a personalidade delas.

Não é fusão com as suas vidas.

Não é fusão com as suas mentes ocupadas de matéria.

É só fusão da energia do teu Eu com o coração delas.

E vais ver que essa fusão é o que podemos aqui em cima chamar de amor.

Essa fusão não limita.

Essa fusão não restringe.

Essa fusão não te faz deixares de seres quem és, nem te perderes no outro.

Essa fusão só ama.

E esse amor é tão alto, é tão mágico, é tão semelhante ao amor que temos aqui em cima, que rapidamente vais notar que finalmente aprendeste o que é amar em liberdade.

JESUS

23

Elevação

Vem.

Sobe.

Desapega, prescinde.

Sobe mais alto.

Vem ter comigo.

Vem vindo, devagar.

Subindo, devagar.

E consoante vais subindo, vais largando o que tens aí, o que és aí.

Vais prescindindo de toda e qualquer matéria, e vais te deixando elevar.

Muito devagar.

Muito lento, este processo.

E vais caminhando em direção à Luz, em direção a mim.

E vais soltando quem és aí, para poderes, devagar, integrar a energia de quem és aqui.

Aqui és mais alta.

Mais sublime.

Mais sensitiva.

Mais subtil.

Mais apurada, mais depurada.

Mais lapidada e mais coerente.

E esse teu Eu mais alto é a única coisa que precisas de alcançar agora.

Para que possas levar a tua vida de outra forma.

Para que possas mudar tudo.

Guiar a tua vida para outra direção.

Mas a partir de dentro.

A partir da energia pura que és, que nasce dentro de cada átomo que tens no corpo, e que não se deixa confundir com a tua condição humana.

E nesse estado, nesse estado puro de energia intensa, vais voltar para a terra. E vais encher a terra dessa nova lógica. E vais transformar tudo o que tocas.

E tudo o que tocas vais tornar Luz.

E quando tocares o coração dos seres humanos através do teu olhar, eles vão receber esta Luz, e vão transformar-se.

E vão conseguir olhar-te e finalmente ver-te.

E nunca mais vais sentir a solidão de quem nunca conseguiu sentir-se compreendida. E nunca mais vais sentir que a tua energia está fora de ti.

E nunca mais vais sentir saudades de mim.

JESUS

24

Dependências

O problema é a dependência. O problema é a dependência e consequentemente as expectativas que crias para suprir a dependência.

Porque quando não estás bem, quando o teu corpo não deixa fluir a tua energia, só tens duas possibilidades:

Ou olhas para ti própria e te supres a nível emocional e energético, te alimentas, te resolves. E com isso ficas plena.

Satisfeita. Feliz. Tranquila.

E depois sim, vais ao outro partilhar essa tua plenitude. E o outro ao olhar para ti percebe que é possível. E vai ele também começar a transformar-se a si próprio, parar de depender.

Essa energia da autonutrição derruba todas as barreiras internas – todos os boicotes –, e eleva a vossa autoestima a patamares inimagináveis.

Mas há uma outra hipótese, e é essa que vocês têm escolhido nos últimos tempos, desde que a humanidade é humanidade.

Vocês escondem-se de si próprios. Vocês são educados e educam os vossos filhos para não irem dentro de si próprios, conhecer-se, tocar-se, alimentar-se, resolver-se.

E com isso acabam por olhar para o outro com a imensa expectativa de que o outro resolva as vossas questões emocionais, os vossos vazios.

E com isso retiram o foco da vossa energia que é a única que poderia alimentar-vos de forma perene.

E com isso colocam no outro a expectativa impossível de este vos suprir.

E o outro coloca em vocês o mesmo, ao contrário. A expectativa imensa de vocês suprirem tudo o que lhes falta.

E como isso não é possível, os conflitos agudizam-se.

Cada um de vocês fica concentrado em suprir as expectativas do outro, mas ao mesmo tempo sente uma frustração tremenda por não ter as suas próprias necessidades supridas.

E a vossa frustração é legítima.

Sentem o vazio, e tentam preencher o vazio do outro com a esperança de que o outro supra as suas necessidades. Só que não conseguem.

No dia em que entendem este processo, tudo muda.

Passam a focar-se na vossa energia, em suprir as vossas próprias necessidades.

Vão para o outro plenos, sem exigências nem expectativas.

Apoiam que o outro faça o mesmo e volte também ele, pleno.

E partilham plenitudes, que é a forma mais incrível de amar.

JESUS

25

Centro

A solidão.

Tanto já foi escrito sobre isso e tão pouco se sabe.

Em que ponto é que estás? Estás no ponto em que a solidão é um desespero? Morres de medo de ficar sozinha? Tentas a todo o custo manter situações inaceitáveis só por puro medo de ficar só?

ou

A solidão já não te incomoda. Mas não é agradável. Já te conformaste com o facto de não teres ninguém e até achas que vais ficar sozinha para sempre?

ou

A solidão é boa. Sentes necessidade de estar só porque adoras o teu universo, adoras o ser em que te tornaste e queres usufruir dele?

ou

"Estar sozinha é melhor do que estar com pessoas. Pelo menos a solidão não me agride. As pessoas sim."

ou

"Não quero nunca mais ter ninguém na minha vida!... Os outros não me merecem."

Como vês, até a mais simples das coisas, por tudo ser dual na matéria, pode pender para o desequilíbrio.

E o que é o equilíbrio? É o sim e o não na mesma intensidade. É conseguires estar contigo, depois com os outros, depois contigo outra vez, e encontrares o encanto nos dois polos opostos. E consoante vais encontrando encanto nos opostos, consoante vais exercendo os opostos, mais te vais aproximando do centro, base de todas as virtudes.

Por isso aqui está a tua resposta. Nem para um lado nem para outro.

Centra-te. No centro.

E só depois disso vais ver tudo acontecer.

JESUS

26

O Amor É Mais

Ama só.

Deixa o amor entrar pelo mesmo canal que me deixas entrar a mim.

Abre o teu canal, e deixa essa emoção escorrer por ti.

Deixa que ela entre em cada espaço do teu campo energético.

Deixa que ela se instale, e fica a vibrar por ela como se ela fosses tu. Porque ela és tu.

Tu és amor.

E é nesse amor que escorre por ti que podes reconhecer-te mais alta, mais clara e mais pura.

É nessa energia amorosa que vais subindo devagar, e vais-te encontrando em Luz aqui em cima comigo, o Guardião da Chama Universal.

E é nesse encontro que a tua Alma renasce mais forte e mais autêntica.

E nesse instante de explosão, consegues compreender o que foste aí a baixo fazer, desta vez.

Como vês, o amor é mais do que a simples atração entre duas pessoas. A atração é o início.

O amor é o verdadeiro caminho para chegar cá acima.

JESUS

27

Dissolvente Universal

Todo o teu corpo pulsa.

A tua alma vibra dessa pulsação.

O amor é mágico, eu sei. É o que nos liga, a vocês e a mim, cá em cima, habitante do céu.

E quando amam, os seres vão depurando as energias mais pesadas, fonte da vossa liquefação terrena.

O amor é, portanto, o grande Dissolvente Universal.

É através dele que todo o conflito se dissipa.

Enquanto a união não se dá, enquanto não podes ter o teu amor nos teus braços, livre, inteiro, íntegro, trata de o amar.

Trata de emanar esse amor, só para essa pessoa, só para que a sua alma receba essa tua energia de comunhão.

Acredita que quando envias ao teu amor o teu mais alto pulsar, todo ele vibra também, e o vínculo entre vocês estreita-se.

O amor tem esse poder. Estreita a ligação das almas, mesmo as mais distantes. Mesmo as mais dissidentes.

E fica a saber que enquanto pulsares, enquanto deixares este amor escoar por ti, enquanto não o matares – porque às vezes é triste e dói –, eu estarei aqui muito perto de ti, a dar-te inspiração para subires mais um pouco em direção ao céu.

Em direção à felicidade.

Em direção à Luz.

JESUS

28

Eu Sou

O meu nome é Jesus

O meu nome é Luz

O meu nome é Buda, Moisés, Alá e todos os Deuses que são evocados pelo espírito humano.

Eu sou esses todos porque sou amor puro, e o ser humano quando olha para cima, só evoca o amor puro.

Porque é o que ele sente mais falta aí em baixo.

Na dimensão da matéria, em que tudo é dual, em que não há absoluto nem sagrado, o homem sente-se incompleto.

Sente falta de algo maior do que ele próprio. E é nessa falta que olha para cima.

Que olha para mim.

E é nesse olhar que ele pede ajuda para subir mais alto, para aceder ao mais puro amor.

Mas para aceder tem que se despojar do ego, que o prende à terra.

Tem que se despojar do controlo, que o segura aí em baixo.

Tem que se despojar da manipulação e da culpa.

Da vitimização e do apego.

Da autocomiseração e da violência interior.

Tem que se despojar da raiva e do julgamento, da resistência e da mágoa.

E nesse caminho de se despojar de tudo o que é típico humano para chegar a mim, vai abrindo espaço para a sua própria alma se manifestar.

Porque a sua alma é o pedaço de mim que ele carrega em si.

É o pedaço de amor puro que lhe é dado a viver.

E nesse processo de olhar para cima, de tentar encontrar-me, de encontrar o sagrado cá em cima, no céu, ele encontra o céu dentro dele próprio, e desvenda o último dos segredos.

A sua capacidade própria de ser um Deus que vive na terra.

JESUS

29

Ser Amor

Desde que te apaixonaste por esta pessoa que a tua vida mudou.

O teu corpo está mais leve, a tua mente mais fantasiosa, até a tua pele está mais luminosa.

Só tu não vês isso.

Ficas tão preocupada com o futuro, com o que vai acontecer, como vai acontecer, em que moldes e em que condições, que te esqueces de olhar para ti para perceberes como brilhas.

O amor é uma bênção.

É tão difícil o amor acontecer...

É tão improvável um ser que tem uma bioquímica própria, genes próprios, energia eletromagnética própria conseguir fusão ao amar outro ser que tem bioquímica, genes e eletromagnetismo próprios.

O amor funde.

O amor retira obstáculos, reforça vínculos. O amor acende a chama da Alma.

E tudo isso pode ser direcionado a todas as pessoas, não só à pessoa amada.

Não te restrinjas.

Ama. Ama tudo e todos.

Já que chegaste aí... já que conseguiste aceder ao milagre do amor, aproveita e exerce esse amor com todos os seres vivos que habitam este planeta. Dá esse amor ao Universo como forma de gratidão.

Sê tu própria esse amor pleno.

E essa disponibilidade de emanar amor não só para a pessoa amada, mas para tudo, essa vontade de encher o mundo com uma energia mais alta, vai começar a criar raízes, descendo de forma suave, até lá abaixo, e, de modo improvável, acordar o coração da terra.

E até ela te vai agradecer tamanhas bênçãos.

JESUS

30

Um Segredo

Vocês, aí em baixo, acham sempre que o amor deve ser direcionado para alguém.

E isso é muito limitador.

Aprendem desde sempre que quando amam, devem amar alguém ou alguma coisa.

E então quando esse sentimento surge dentro do vosso peito, tentam identificar o objeto do amor e direcioná-lo para lá.

E não entendem que ao direcioná-lo estão a retirá-lo do vosso peito. Estão a prescindir dele. Estão a limitá-lo, a obstruí-lo.

O amor é uma energia. O amor é uma vibração. O amor é um estado de alma, que não depende de nada nem de ninguém para se manifestar.

Depende, sim, de uma série de fatores. Depende que muitos indicadores estejam alinhados para que ele possa surgir. Só que, muitas vezes, para esses indicadores se alinharem, vocês precisam de uma ajudinha de uma outra pessoa. E de repente essa pessoa leva o melhor que vocês têm, o amor que liberta, que amplia. Que expande. Que cura.

E vocês pensam que, por o amor ter nascido por essa pessoa, ter entrado na vossa vida por essa via, têm que o direcionar para ela. Que têm que o doar.

Pois bem, vou dizer-te um segredo.

O amor é uma vibração tua e só tua.

E a maior prova disso é o facto de o amor não se desvanecer quando a outra pessoa se vai embora.

O amor fica. Permanece. Insiste. Vibra. E vibra cada vez mais alto.

Cada vez mais forte.

Se em vez de ficares a direcionar o amor para fora de ti própria, o conseguires interiorizar e manter – pensa que esse alinhamento energético é extremamente raro, e tem que ser alimentado –, ele vai começar a inflar, e vai expandir-se, independentemente da pessoa que o originou.

Interioriza esse amor.

Volta-o para ti própria.

Vibra por ele. Apenas vibra por ele.

Aproveita a presença das pessoas que te ajudam a sentir esse amor ainda mais forte para ficar com ele, vibrar por ele, senti-lo.

E essa energia vai transformar as tuas células, os teus átomos, e o teu ADN.

E essa vibração vai transformar a tua vida.

E a partir desse instante, cada passo que dês estará a transformar o mundo, estará a transformar todo o Universo.

JESUS

31

O Meu Amor

Fecha os olhos. Respira profundamente.

Várias vezes. Até uma sensação de Paz invadir o teu peito.

Depois abre o canal. Abre a cabeça – na tua intenção.

E lá de cima, muito devagar, vão descer muitos corações pequeninos.

Muito pequeninos.

E vão descendo, muito devagarinho.

E vão entrando pela pele, pelos poros.

E vão invadindo as células do teu corpo. Cada célula é invadida por um minúsculo coração.

E quando todos os coraçõezinhos estiverem posicionados dentro das tuas células, vais ouvir o meu coração começar a bater.

O coração de Jesus vai começar a pulsar.

Devagar, no início.

Muito devagar. Depois cada vez mais forte.

E muito lentamente cada um dos coraçõezinhos vai começar a pulsar também.

E num único pulsar vamos ficar assim, tu e eu.

E, aos poucos, os pequenos corações vão explodindo com a minha Luz dentro das tuas células.

E vão transformar-se num único coração enorme, do tamanho do teu corpo.

E num movimento mágico, sem precedentes na alma humana, vais estar dentro do meu coração que pulsa.

E vais ficar aí, a alimentar-te do meu amor.

Do amor que eu sinto por toda a humanidade, e principalmente por pessoas que, como tu, viajam para além da energia para me encontrar.

JESUS

32

Eu Amo-te

Eu amo-te.

Amo o teu compromisso, amo a tua forma de me amar, de me acompanhar.

E se este é o livro do Amor, também é o livro do amor que eu sinto por ti.

Por tudo o que já andaste, pelo que te disponibilizas a aprender, sempre. Por fazeres o que podes, e o que sabes.

E por quereres mais todos os dias.

Amo-te por expressares o teu amor por mim de todas as maneiras que sabes e podes.

E olho-te com toda a compaixão do mundo quando te frustras por não conseguires mais, porque a tua condição humana não te permite.

E mesmo assim queres mais. Queres amar mais, sentir mais.

Subir mais.

E como estás aí em baixo e és humana e não consegues, sentes culpa.

E a culpa ainda te leva mais para baixo.

Mas queria que soubesses que é assim mesmo. Um dia quando subires vais entender.

Por enquanto, e enquanto estiveres por aí, não te exijas.

Ama-me só, como tens feito.

Sem exigência, sem culpa.

É lindo ver daqui de cima como já avançaste, o que já entendeste.

O que já te perdoaste.

É lindo ver-te a voar em céus cada vez mais ousados e claros.

Cada vez mais transparentes e firmes.

E apesar de achares que ainda estás muito aquém, fica sabendo que a nossa união é eterna e que tocas o meu coração profundamente com a tua paixão.

Até um dia que nos possamos encontrar de novo na imensidão da eternidade e dar aquele abraço profundo que anseias há tantos séculos.

JESUS

33

O Que Sentes?

O que sentes não é pela pessoa em si.

Não sentes saudades ou amor, ou ligação por ela.

O que tu sentes é pelo que ela te faz sentir.

Houve um tempo em que acreditaste que serias feliz. Que seria possível.

Houve uma altura em que vislumbraste a possibilidade de a tua vida ser perfeita, o teu relacionamento ser perfeito, de tudo ser como andas à procura há muito tempo.

E agora sentes falta disso.

Não é do amor que sentes falta.

Não é da paixão que tens saudades.

Na realidade tens saudades da esperança.

Da esperança que sentiste nessa altura e como ela te fazia sentir tão bem.

Porque depois que a esperança se vai embora nem o amor é a mesma coisa.

Como eu digo muitas vezes:

"Não se pode remendar cristal."

E tu sentes falta dessa época em que tudo era cristal, em que nada ainda se tinha partido.

Só que esse estado não é o estado correto de vivência na matéria.

Isso é ilusão.

Lê a mensagem seguinte.

Jesus

34

Perfeição

Quando vocês estão no "entre vidas", estão no Uno absoluto.
Não existe dualidade, a energia não tem opostos.
Tudo é inteiro, sagrado. E o que sentes é indescritível.
Não há divisão.
Vocês são Um com tudo o que existe.
E essa é a sensação mais incrível que um ser pode sentir.
E por isso é que quando encarnam é ativado o "véu do esquecimento".
Porque se se lembrassem, iriam querer voltar cá para cima.
Aí em baixo é difícil. É dual. É dividido.
Nada é uma coisa sem ser um pouco do seu contrário.
Mas é exatamente isso que vocês vão aí fazer.
Vivenciar os opostos. Aceitar os dois e depois harmonizar.
Integrar os dois lados de cada coisa.
Essa é a função dessa experiência na matéria.
Mas alguns de vocês têm o "véu" furado. Por algum motivo lembram-se das vivências cá de cima.
E querem reproduzir o absoluto.
E é nessa altura que criam o conceito de "perfeição".
Tem que ser perfeito, tem que estar perfeito.
Porque o perfeito é o absoluto e devolve-vos a sensação de estarem cá em cima.
O perfeito aí em baixo não existe, pois tudo é dual.
Quando o procuras, no fundo, buscas um pouco de céu.
É a isso que chamamos Ilusão.

Ilusão não é mais do que procurar o absoluto do céu aí em baixo.

E como tudo na matéria é dual, quem vibra pela ilusão vai atrair o oposto.

A desilusão.

A desilusão não é uma injustiça da vida.

Pelo contrário.

A desilusão não é mais do que a própria vida a apresentar a sua dualidade para mostrar que aí em baixo há o outro lado de cada coisa. Sempre.

E qual é a forma de agir? Qual o modo de viver da forma mais saudável energeticamente?

Saber que tudo tem os dois lados e nunca procurar apenas um.

Nunca procurar a perfeição.

Viver aí em baixo, harmonizando tudo.

E quando quiseres levantar o "véu" e viver um pouco a sensação incrível do entre vidas, é simples.

Medita. Vem cá acima, porque aqui em cima vais sentir toda a perfeição, o que te vai fazer sentir a pessoa mais feliz do mundo.

JESUS

35

Ausência

Adorava poder estar aqui sempre a falar contigo.

Adorava estar aqui todas as horas e todos os minutos, a ensinar-te, a dar-te indicações.

Porque a minha energia sagrada faz parte da tua, e quando entras em contacto com ela através destas mensagens, ou de meditações ou do que quer que seja que te faça subir, entras em contacto com o mais alto que há na tua própria energia.

Como vês, são dois ganhos.

Cada vez que vens ter comigo, ficas mais perto de mim e ativas a tua melhor energia que é a minha presença em ti.

E nesse momento de conexão cósmica estás acompanhada da energia pura, e já não precisas da energia de outras pessoas que atualmente não te estão a presentear.

E com isso digo que não estão a oferecer-te a sua presença.

E sempre que alguém não te dá a sua presença, ficas com o pior dela. A sua ausência.

Por isso te peço.

Entre a ausência do outro e a minha presença em ti, que atives a tua melhor energia, escolhe a segunda.

E vais ver a tua vida mudar à conta de teres feito a escolha certa.

Lembra-te sempre de que eu estou aqui para ti, todas as vezes do mundo que te concentrares em ti para me evocar.

JESUS

36

Nem Tudo É Contigo

Todas as almas que noutra vida morreram sozinhas, têm muita dificuldade em entregar-se.

Têm memória de abandono. Acham que é improvável que venha ajuda. Não conseguem relaxar. Não conseguem acreditar que desta vez não é necessário que fiquem sozinhas, pois a lição já foi aprendida.

Ou, pelo menos, já foi proposto um aprendizado. Uma vivência.

Mas essas pessoas têm impregnada nas suas células, na sua energia, uma memória tão forte, que pura e simplesmente não conseguem considerar outra coisa.

E tudo o que lhes acontece, é levado para esse lugar solitário e obscuro, com cheiro a morte.

A limpeza de Karma passa por acreditar que desta vez pode não ser assim.

Memória é passado. Não é fatalismo. E o passado pode ser curado.

Acreditar que outras vivências estão a ser propostas precisamente no sentido oposto, no sentido de comunhão, é avançar.

Mas para isso precisas de parar de personalizar tudo, achar que tudo é contigo. Podes considerar que também pode ser a limitação da própria pessoa, os seus filtros. Os seus karmas.

Depois, vai passar pelo compromisso de ver abundância em tudo.

No início vai ser difícil.

Mas aos poucos irás percebendo que quem decide o que guarda dos acontecimentos és tu. És tu quem decide mudar o filtro com o qual tens olhado a vida.

E eu estou aqui, para te acolher cada vez que precisares, mais que tudo, de estar sozinha.

Estar contigo.

E por consequência, estar comigo.

JESUS

37

A Porta Fechada

O problema da entrega é o dia seguinte.

Tu podes fazer um esforço para te entregares. Porque a princípio não consegues. Porque é difícil.

Porque te deixa muito vulnerável e fraca.

Porque tens medo de, ao escancarares a porta do castelo, depois não a conseguires fechar antes das setas alcançarem o teu corpo, matando-te de dor e desilusão. De mágoa e sofrimento.

A maior parte dos seres da terra não se entrega.

Não porque não ama.

Não porque não gostaria de relaxar nos braços do bem-amado e poder descansar de todas as vicissitudes da vida.

Não porque não adoraria poder parar a mente e dar uma oportunidade rara da alma se manifestar.

Nada disso.

Os seres não se entregam porque têm medo.

A porta do castelo escancarada deveria ser um convite a novas experiências e novos mundos.

Mas dentro do ser humano, a sua visão a partir de um peito doído, é mais mágoa a chegar por aquela entrada aberta.

Então fecham.

Fecham os portões e fecham-se.

E tudo o que podia entrar de bom fica imobilizado pela suspeita do que poderá entrar de mau.

É assim que funciona aí.

Por isso é que eu gostava tanto que vocês olhassem para cima.

Para encontrarem uma nova ordem.

Uma nova mentalidade.
Menos dual. Mais Una.
Menos humana.
Mais Sagrada.

JESUS

38

Entrega

Como é que queres entregar-te se a exigência é tão grande?

Como queres entregar-te, se ainda julgas a mais ínfima atitude da outra pessoa?

Se exiges que ela fique nessa energia de entrega, se exiges que ela não desfoque de ti, não se disperse, enfim, não te rejeite?

Nenhuma entrega pode ser aprendida com o foco no outro.

"Mas não é ao outro que eu me tenho de entregar? Perguntas tu."

E eu respondo:

"Sim, é ao outro que te tens de entregar. Mas é por ti que o fazes. Para retirar bloqueios do teu coração. Para que estejas inteira e, consequentemente, livre."

Por isso vê:

Tu entregas-te ao outro, acedes a uma vibração altíssima de cumplicidade, entendimento e companheirismo.

Depois de criada essa vibração, está na hora de a consolidar dentro de ti.

Essa é a hora em que o outro se vai embora, ou se dispersa, ou pura e simplesmente entra noutra energia.

Pensavas que o Universo não era perfeito, não é?

Pensavas que a pessoa se ia embora e isso não tinha nada a ver contigo, não é?

É tudo perfeito.

Se, depois de te entregares, notares que a pessoa já não está nessa energia, ou pura e simplesmente se foi embora, está na hora de te entregares a essa emoção, a essa vibração, dentro de ti própria.

Para cresceres. Para seres livre. Para perderes o medo de te entregares, medo de não aguentares se o outro se for embora.

Isso é o que os mestres fazem.

Aproveitam todas as ocorrências da vida para evoluir mais um bocadinho.

JESUS

39

Estudo da Energia

Todas as coisas servem para apreciarmos o espírito.

Todos os assuntos aí de baixo são matéria de estudo e sensibilidade.

Tu podes meditar em tudo, desde a pequena formiga trabalhadora que te daria grandes lições de comprometimento e força de trabalho em equipa, até às destruições épicas que poderiam dar-te grandes ensinamentos acerca da renovação e dos ciclos.

Todas as matérias daí de baixo, desde as mais banais, tais como uma criança que ri de uma história tonta, até às mais extremas, tais como a reprodução celular, podem ser objeto de lições e de grande aprendizagem espiritual.

Porque tudo é espírito. Tudo é energia.

Estudar, investigar energia é, por fim, estudar a vida na matéria.

Todas as pessoas deveriam continuar a estudar. Investigar, procurar, nunca parar a busca.

Faz assim: de manhã, adereça aqui para cima, na tua intenção, as tuas mais profundas aspirações.

Faz-nos perguntas.

E observa como a partir daí tudo se vai movimentar harmoniosamente a fim de te responder. E quando estiveres distraída na tua vida, de repente, vais notar que alguém diz uma frase, lês algo numa parede grafitada, num livro. Ouves uma música que tem uma letra inspiradora. E vais sentir que é essa a mensagem de que precisavas.

É preciso ter fé que a resposta está por aí, na tua vida.

E a tua energia será direcionada para que possas receber as mais sábias manifestações.

E uma pessoa que está atenta, em fé, mais cedo ou mais tarde vai conseguir todas as respostas.

JESUS

40

Era para Sempre

Uma grande tristeza.

Uma grande desilusão.

Tanto foi investido, tantas expectativas foram criadas.

Era para sempre! Agora é que era mesmo para sempre!

Que tristeza!

A única coisa que posso dizer-te para acalmar esse teu coração despedaçado é que eu estou aqui.

Estou sempre aqui, para ti.

Hoje não te vou dizer porque é que isto aconteceu.

Não te vou dar mais um ensinamento, mais uma mensagem.

Vou apenas dar-te o meu ombro para chorares a dor de tantas vidas em que te desiludiste.

Em que achaste que ia valer a pena, e não valeu.

Hoje é o dia de chorar. De não pensar.

De fazer um luto grande, sério, que vai valer por mil vidas que fosses aí, à terra.

E quando a maior tristeza tiver passado, quando não houver nem mais uma lágrima para chorar – não porque bloqueaste, não porque fugiste à tua dor e sim porque fizeste o maior luto deste mundo – nesse dia podes abrir a janela e receber a boa notícia de que os passarinhos voltaram a cantar.

Jesus

41

Chegou a Hora

Não há amor no teu peito.

No teu peito só há vitimização e apego.

Não queres ficar porque amas.

Queres ficar porque não aguentas ser rejeitada.

Queres ficar porque o teu orgulho foi ferido, porque não foi tua a última palavra.

E por esse motivo, não há nada que eu possa fazer daqui.

Só olhar. Só observar e tentar avisar.

Quando há um desgosto de amor, faz-se um luto.

Quando há vitimização e apego, faz-se um desapego.

São soluções diferentes para problemas diferentes.

Vitimização significa que achas que as coisas poderiam ser diferentes, que as pessoas podiam ter agido de outra forma.

Como se não fosse o Universo perfeito.

Pensa comigo: Se as pessoas pudessem ter agido de outro modo, tê-lo-iam feito, certo?

Se não o fizeram é porque não podiam!

Apego é quando tu depositas toda a tua energia fora de ti própria, em vez de te concentrares em elevar a tua própria vibração.

Vitimização é quando tu pensas que seria possível as pessoas agirem de outra forma e ficarem a alimentar o teu foco fora de ti.

Não. Não seria possível ser de outra forma, porque definitivamente chegou a hora.

Chegou a hora de te concentrares em ti, na tua energia e no que foste aí fazer.

Porque chega sempre a hora. Mais cedo ou mais tarde.

Às vezes damos um pouco mais de tempo para ver se a pessoa percebe, se se transforma, para não termos que utilizar medidas drásticas.

Mas quando a pessoa se acomoda, a pensar que vai poder ficar ali para sempre, percebemos que alguma coisa tem de ser feita e então agimos.

Por isso vamos embora. Desapegar. Aceitar perder. Para que depois do mergulho interior toda uma vida se volte a abrir à tua frente.

JESUS

42

Só Tu

Quero-te só a ti.

Não quero que venhas ter comigo com todas as pessoas que estão aí dentro.

Com todas as pessoas que queres agradar, que queres que te aceitem, que deixas que façam parte da tua energia.

Gostava de ficar só contigo, só nós os dois, nesta energia infinita.

Mas não me deixas. Trazes-te cheia de expectativas, energias que não são tuas, controlo, manipulação.

Não vens pura. Não vens só tu. E por isso, de vez em quando, tenho que te deixar sozinha.

Tenho que te retirar tudo o que te faz vibrar fora de ti própria, o que te faz fugir da tua energia.

Tudo isso sai.

Tudo isso cai por terra.

Como há dois mil anos fui-me embora.

Deixei todas as pessoas sem o apoio exterior a elas.

Para que elas utilizassem a minha inspiração libertadora para entrarem dentro delas próprias. E mudassem a sua energia.

E se libertassem de todos aqueles que a subjugavam com as suas ansiedades e expectativas.

Não te deixo sozinha. Deixo-te contigo. E isso deve ser mais do que suficiente.

Entra dentro de ti.

Vai buscar a tua energia mais alta, mais infinita.

Depois sobe.

Vem até mim.

E vais notar que nos completamos, e que não precisas mais de correr atrás de energias que não são tuas.

Que não te chegam.

Que não te elevam.

Que não te fazem vibrar por ti própria.

JESUS

43

Encontro

O tempo não existe.

Cedo ou tarde, demore muito ou demore pouco, todos havemos de nos encontrar um dia.

Eu e tu.

Tu e a pessoa que amas.

Tu e todos os que te são queridos.

A vida na matéria é um lapso de tempo.

Enquanto estiveres aí, vive, aproveita, curte, ri, dança, brinca.

Recebe tudo o que a vida tem para te dar.

Independentemente de estares ou não sozinha.

Independentemente de tudo o que possas ou não conhecer.

Vive a vida!

Porque é nas coisas mais simples da vida que o teu coração vibra.

E é no vibrar do teu coração que eu estou.

Estou na mais alta inspiração quando consegues ser quem és, fazer brilhar a tua alma na sua mais profunda essência.

E é essa pessoa que te tornares que vai encontrar a pessoa da qual sentes tanta falta agora.

E quem sabe se a conexão não se fará de forma mais precisa, mais orgânica, mais satisfatoriamente vibratória.

E quem sabe se, ao conseguires vibrar no mais alto de ti, não olhas para essa pessoa com um maior respeito pela sua vibração e te relacionas com ela de uma forma nunca antes suspeitada.

E quem sabe ela não acorda.

E quem sabe ela não te reconhece.
E quem sabe ela não te ama.

JESUS

44

Insegurança

A insegurança é a base do medo.

É onde ele se detona e constrói. Onde ele se cristaliza.

É a insegurança que provoca todo o tipo de fugas. E as fugas passam a ser ações.

E o ser humano age para fugir da insegurança, para não continuar ali, a tremer.

Como se o facto de ficar ali o queimasse por dentro.

É a partir da insegurança que se foge para os mais altos padrões do engano.

Da insegurança salta-se para as ações mais erróneas. Mais erráticas.

A partir daí não se pensa, só se quer fugir. Nenhum lugar é bom quando se vem de uma fuga. Solução? Ficar aí. Na insegurança. Deixá-la invadir. Deixá-la tomar conta das células.

Ficar. Ficar. Ficar.

Chorar tudo o que há para chorar.

E ficar.

Depois, entregar tudo ao Céu. Entregar tudo a mim.

Para que nunca mais volte.

JESUS

45

Intuição

Vai para a natureza.

Vai buscar inspiração.

Larga tudo. Larga tudo o que estás a fazer, sentir, achar, pensar, e vai intuir.

Só intuir.

A intuição é a mais alta conversa comigo.

Com a energia que mora dentro de ti, a mais alta que vais atingindo a cada dia que me segues, que me lês, que me sentes.

Vai sentar-te debaixo de uma árvore.

Escolhe aquela que falar contigo, que te acolher, que se iluminar com a tua presença.

Senta-te debaixo dela e abre os teus canais sensoriais.

Não precisas de mais nada para me sentir.

E quando estiveres sentada nessa árvore, perceciona a mudança de energia.

Qualquer mudança que tenha ocorrido no teu corpo físico e magnético.

E essa é a manifestação da minha presença em ti.

E quanto mais te sentares debaixo da árvore, mais vais sentir a modificação energética e mais me vais sentir em ti.

E um dia vais aventurar-te a falar comigo.

E vais notar que a energia muda mais um pouco.

Porque eu consigo manifestar mais um pouco.

E depois, num outro dia ainda, vais fechar os olhos e vais deixar sair uma pergunta.

E eu terei ficado feliz e glorioso de saber que contas comigo para as tuas dúvidas.

E um dia, depois de um tempo que não se conta, vais ouvir-me.

Ou porque te arrepias com alguma coisa suave, ou porque de repente sabes uma coisa que não sabias, ou porque o teu coração bate mais rápido em infinita alegria, ou porque, do nada, na tua cabeça surge uma espécie de voz, e ouves de uma forma incrivelmente subtil:

"Eu amo-te".

E pronto.

Consegui comunicar.

E a nossa vida juntos nunca mais vai ser a mesma, porque te aventuraste.

Porque soubeste, de alguma forma e em alguma altura, que essa necessidade de ter os outros sempre na tua vida estava a diminuir a tua alma, estava a entristecer a tua energia.

Porque paraste de ficar tão preocupada com os outros e te dignaste a olhar para o céu.

E porque conseguiste sentir-me a chamar-te, um chamamento que começou muito antes de te sentares pela primeira vez naquela árvore.

Um chamamento que começou milhões de anos atrás.

JESUS

46

Um Dia Triste

A tua tristeza é tão profunda.

Vai lá. Sente-a. Cava na imensidão desse mar de dor.

Não há milagre maior do que quando tu consegues aceder à dor. Sim, essa mesma que esteve trancada, ostracizada.

Essa mesma que grita para sair há séculos.

E que ninguém vê. Ninguém deixa libertar.

Hoje é um dia triste.

Um dia a mais com dor no peito. Um dia a mais sem esperança.

A única coisa que resta, a única coisa que fica, és tu.

És a única coisa que tens quando tudo o resto se esvai. És a única sobrevivente do desastre emocional.

E por seres a única que fica, por saberes que no fim de tudo só podes contar mesmo com essa que mora aí dentro... que deves começar a tratar dela.

A fazê-la feliz. A fazer com que a sua presença te baste.

A fazer com que a vida seja cada vez mais uma aventura.

Para que as tristezas como esta que sentes hoje sejam amortizadas pela alegria de seres quem és.

Pela felicidade de teres chegado a um ponto na vida em que é a tua vida que te basta, que te alegra e te inspira.

Por isso sai dessa caverna e vai afagar os passarinhos, vai dançar à lua e iluminar o sol.

Vai fazer a tua Luz brilhar mais e mais para que um dia, quando esta tormenta passar, tenha sobrado um ser radiante e iluminado, feliz e energizado.

E nessa altura, quando o sorriso voltar à tua cara, vais agradecer por tudo o que passaste, que te fez entrar em ti e nunca mais na vida depender do amor de ninguém.

JESUS

47

Gentileza

Tenta ser gentil contigo.

Tenta um espaço de gentileza, em que tu te resguardas e te tratas bem.

Como uma pessoa que está gravemente doente e precisa de cuidados, assim a tua alma precisa de colo e de atenção.

Precisa que alguém a segure nos braços e lhe dê abrigo.

E essa pessoa podes ser tu própria.

Podes ser tu a abraçar-te, a mimar-te, a encher-te de carinhos e delicadezas.

E quando estiveres cheia desses pequenos cuidados, quando já estiveres acostumada com essa forma de sentir a vida, não vais querer outra coisa.

E todas as pessoas que se aproximarem de ti terão que satisfazer esse requisito.

Tratar-te tão bem quanto tu te tratas.

E se não for assim, vais dizer "não" e voltar para a tua concha colorida.

Até que um dia vai aparecer alguém que te ama além do tempo, e que está preparado para fazer de ti uma princesa.

Como tu fazes de ti uma princesa.

E essa pessoa vai passar o crivo da gentileza e vai entrar no portal da tua vida.

E vai fazer-te feliz. Como tu te fazes feliz.

E tudo vai estar no seu lugar outra vez.

JESUS

48

Duas Almas

Uma coisa é fugir de um amor que pode não dar certo.

Fugir de um amor que pode fazer sofrer. Fugir de um amor que não é suposto acontecer.

Outra coisa é fugires de ti. Fugires do que te está a ser dado viver.

Independentemente do que tu sentes, independentemente de tudo, existe uma energia muito forte a pulsar aí dentro. Existe uma energia de coisas que ficaram por viver. Que ficaram por fazer. Que ficaram por vibrar.

E quando duas pessoas se encontram e sentem a mesma energia, reconhecem o toque, a sensação, as saudades, é porque está na hora de ser vivida mais uma etapa da sua existência.

As coisas são difíceis? São. Os tempos das pessoas não são os mesmos? Não.

Dentro da rede energética em que cada um de vocês vive, conseguirem encontrar-se, já é o milagre.

Conseguirem reconhecer-se, já é a bênção.

Porque é que querem que o resto seja perfeito?

O resto é para ser construído. O resto é para ser edificado. O resto é para ter a *patine* da alma de cada um.

Senão, estaria tudo feito. Estaria tudo arranjado. Seria um *arranjinho* do céu. E vocês não teriam como exercer o livre arbítrio.

Quanto mais difícil é na matéria, mais vocês podem olhar para a energia que sentem, para a intuição que flui, e escolher.

Se fosse tudo perfeito, não havia escolha.

Agora vai. Corre para os braços da pessoa que amas, e independentemente de poderes expressar todo o teu amor – antigo como as almas –, dá-lhe apenas um grande abraço de Luz e diz que ela é bem-vinda na tua vida.

JESUS

49

Poder

Uma das coisas que o ser humano menos tolera, é não saber o que vai acontecer. Não ter domínio sobre a situação. Não ser a pessoa que escolhe. Ter que aceitar as escolhas dos outros.

A isso chamamos impotência. O facto de não teres poder sobre nada nessa determinada situação.

E aqui só tens duas coisas que podes fazer: uma delas é revoltares-te contra a própria situação. Contra o facto de não poderes nada, e, em última análise, contra a própria vida que te trouxe esta situação.

Enfim, revoltares-te contra tudo.

E a outra hipótese que tens é entender que te está a ser dada uma grande oportunidade de exerceres a impotência. Exercer o polo oposto àquele que mais tens exercido, ou tentado exercer. O poder.

Sempre que vocês abusam de um lado do polo, neste caso o poder, vai ser-vos dado a viver a impotência.

Por isso, se a estás a viver agora, aproveita.

Vivencia-a, aceita-a. Faz com que ela faça parte da tua energia.

E quanto mais fizeres isso, menos situações vais ter de atrair para ter de a vivenciar de novo. Essa energia de impotência estará vivida, zerada.

Resumindo: Sempre que uma situação de impotência se apresentar na tua vida, aproveita. Porque o poder, vocês procuram. Da impotência, vocês fogem.

Se conseguires fazer esse processo, vais ver como tudo se ajeita para que não precises mais de passar por situações iguais à que estás a passar agora.

JESUS

50

Aceitação

Quando uma pessoa está a zeros, quando ela vibra pela incerteza, e aceita...

Quando ela vibra pela consciência absoluta do: "Vai ser o que tiver que ser..."

Quando ela vibra pela máxima: "Eu só quero o que é para mim..."

... ela entrega.

Ela consegue entregar toda a situação ao céu e pedir proteção.

Entregar ao céu não é mais do que aceitar que não sabe. Que não domina, que não controla. Que não tem poder sobre nada.

Aceitar a impotência.

E é só quando se aceita a impotência, quando se aceita o domínio da energia sobre a matéria é que se consegue entregar.

Ao entregar, retira de si a decisão final de tudo o que está por vir. Ao entregar, retira de si todos os bloqueios que poderiam alterar a ordem dos acontecimentos, tornando os acontecimentos mais orgânicos, originais e evolutivos.

Entregar e ficar atenta ao pulsar da vida, ao ritmo dos eventos. Ficar atenta para que, se houver um *volte-face* poder nadar na dinâmica das novas águas.

Entregar para, se for para não acontecer, conseguir entender.

Conseguir entender que, mesmo que não perceba o motivo, saber que há um motivo e chorar de acordo, e drenar a dor, tirá-la de si.

Só entregando é que se aceita o que a vida propõe. E mesmo que a curto prazo doa, o que a vida propõe a médio e longo prazo é sempre mais elevado, e o caminho da evolução leva sempre para estradas mais iluminadas.

Jesus

51

Não Fujas

Controlar é relativizar com antecedência.
É considerares que podes, que deves, que és capaz.
É a exigência no seu ponto máximo.
Não te exijas.
Não consideres que podes evitar o que estás a sentir, o que estás a sofrer.
Fica só. Fica nessa tristeza apegada, nessa sensação de que se fosse possível seria perfeito.
Não tentes fugir da dor. Não tentes fugir do amor.

JESUS

52

Diluição

Deixa-me envolver o teu corpo.
Deixa-me ajudar-te.
Deixa-me entrar devagar para diluir a tristeza, a comiseração.
Deixa-me levar-te ao lugar mais dentro de ti, mais sagrado.
E deixa-me deixar-te ali, a seres alimentada pela tua própria sacralidade.
E deixa-me curar o teu coração empedernido.
Sufocado.
Infeliz.
Mas fica aí.
O tempo dura. Demora mais a passar quando não está alinhado.
Quando estás metade cá, metade na memória da vida de quando tudo foi felicidade.
Fica aí. Gasta. Deixa durar.
Esse tipo de estado só passa mesmo com a passagem intemporal do tempo.

JESUS

53

Impotência

Enquanto esperas que essa questão se resolva, aproveita para treinar não seres tu a tentar resolvê-la.

Se já sabes que não tens mão sobre ela, se já sabes que ela só está na tua vida para te fazer gerar e gerir a impotência, aproveita para fazeres o que foste aí fazer.

Gerar e gerir a impotência.

Não queiras dominar. Não queiras controlar. Não queiras sair à força do estado inexorável de suspensão em que te encontras.

A vida é feita de percalços, e este é um deles.

Para que te tornes mais subtil, mais suave, mais sensível na tua escalada de humanidade.

Se conseguires só executar o desígnio, não tentar precipitar a resolução dos acontecimentos, tudo se vai ajeitar, encaixar, e finalmente alinhar na direção mais correta.

Se tentares colocar a tua mão humana, a tua energia de controlo exacerbado, se tentares forçar um desfecho, este será extemporâneo e o oposto à evolução dos seres humanos.

Faz o esperado.

Exerce o que já sabes.

Deixa fluir.

Por mais que custe, deixa-te boiar nas águas do imprevisto e vais aprender uma das formas mais secretas de voar.

JESUS

54

O Inverno da Alma

Sente o inverno da alma.

A impossibilidade do amor.

Esta é a altura da reciclagem cósmica, de tu te pacificares contigo.

Com a tua própria energia.

Assim como no inverno as árvores perdem todas as folhas, os ramos secam para serem podados e assim dar a vez a novos ciclos de nascimento, assim a tua energia tem que descansar.

Desfazer-se de velhos intrusos energéticos que só a dispersam e esvaem.

Que só a poluem e exaurem.

Agora é hora de deitar tudo fora, todos os apegos, palpitações, influências, aconchegos e lembranças.

Agora é hora de ficares só aí.

Em inverno.

Para que a tua energia se limite ao máximo a ser si própria, no núcleo central da sua vibração.

Para que depois, um dia, à força de ter secado, espremido e libertado tudo o que a fez expandir mas que não é dela, volte a conectar-se com o Universo mais profundo das almas e encontre finalmente o grande amor destinado a esta encarnação.

Jesus

55

O Outro

Chegaste à terra sozinha.

Foste aí parar, depois de tempos de reflexão e escolhas.

Chegas cheia de intenção para alcançares novos propósitos vibratórios.

Percorreste um caminho sinuoso em direção a um futuro perpétuo que valha a pena.

E tudo isto é de ti para ti.

Funciona se vibrares tão somente na tua energia.

De onde vens, vieste sozinha. Para onde vais, é sozinha.

Sozinha é a jornada.

Pois a partir do momento em que consegues, entre vidas, alcançar o Uno – a fusão com o todo – não precisas de nada nem de ninguém para continuares a tua missão evolutiva como alma em expansão.

Agora:

Essa dimensão onde estás agora necessita do outro. Do contacto com o outro. Essa dimensão retira-te do Uno precisamente para te obrigar a necessitar de algo fora de ti que ilusoriamente te devolva o Uno do qual sentes tanta falta.

E na busca do outro, como suporte emocional da ilusão, vais então trabalhar as frequências vibratórias dessa dimensão:

Apego
Controlo
Manipulação
Vitimização

Rejeição
Perfeccionismo
Exigência
Fé
Culpa
Abandono
Superioridade
Arrogância
Violência
Agressividade
Tristeza
Alegria
Êxtase
Falta
Medo
Revolta
Ilusão
Dor
Vazio

E todas as nuances duais que a via emocional da matéria propõe.

Resumindo:

A falta que sentes do outro não é mais do que uma projeção da falta do Uno.

Tens duas hipóteses de a viver:

1 – Entende esta dinâmica, desapega do outro, procura o teu centro, eleva-te ao Uno e prepara-te para te desapegares de todas as emoções mundanas e começares a tua ascensão – para que definitivamente saias da roda das encarnações,

ou

2 – Aceita que ainda não estás preparada para tamanho passo, pacifica-te com a tua condição humana, pega no telefone e liga para que possam ir tomar um café.

Jesus

56

Zero

Fica a zero.
Não penses. Não intuas.
Não te mexas. Não te resguardes.
Deixa que seja a vida a levar-te.
Não reajas. Não inicies. Não raciocines.
Não racionalizes.
Não chegues a conclusão alguma.
Deixa, apenas, que a vida se apresente e vai seguindo os seus designios.
A cada manobra da vida, vai, acede, curva-te à sua sabedoria.
A cada movimento dramático de mudança de atmosfera, aceita.
Aceita e integra.
E assim vais caminhando a passos largos, já não ao sabor do ego, mas desta vez ao sabor da grande modeladora de almas, que sabe inequivocamente de onde vens, o que estás aqui a fazer e para onde vais, e que é a única força do Universo que sabe todos os atalhos para chegar a mim.

JESUS

57

Sozinha *vs.* Acompanhada

Sozinha vives livre.
Acompanhada tens amor.
Sozinha tens-te a ti.
Acompanhada tens a junção das almas.
Sozinha desenvolves o EU.
Acompanhada desenvolves o estar com o outro.
Sozinha mergulhas mais fundo.
Acompanhada mergulhas mais largo.
Sozinha conheces o centro.
Acompanhada acrescentas ao centro.
Sozinha aprendes o teu próprio movimento.
Acompanhada, sincronizas o movimento.
Sozinha sentes a tua essência.
Acompanhada sentes a tua estrela.
Sozinha vives uma vida.
Acompanhada vives outra vida.
Cada estado é um estado, e cada tempo tem o seu tempo.
Nenhuma é mais veloz ou instigante, mais certeira ou exata.
Cada uma é evolutiva na sua forma e graça de viver.
Por isso, não fiques numa a olhar para a outra.
Não deixes de viver uma à espera de viver a outra.

A vida é feita de movimento, e desde que consigas viver cada fase intensamente, a tua estada na terra terá valido a pena e ter-te-á preparado para alcançar novos voos que irão tocar novos céus.

JESUS

58

Ajuda

Por mais que tu aches que sabes o que é melhor para o outro, por mais que queiras ajudar e penses que tens uma visão clara acerca do que o outro deveria ou não fazer, tens que entender que cada pessoa é única.

E se cada pessoa é única na vibração, na forma de pensar, nas atitudes, reações e escolhas, naturalmente que ninguém é igual a ti.

E se ninguém é igual a ti, também ninguém faria as tuas escolhas ou teria as tuas reações.

E se ninguém teria as tuas reações ou atitudes ou faria as tuas escolhas, consequentemente as soluções que conseguires alcançar para os problemas dessa pessoa só serviriam, só seriam corretas e dariam certo se fosses tu própria a ter esses problemas.

Por isso:

Pára de querer consertar o mundo, pára de querer mudar os outros, e arranjar soluções para as suas vidas, e concentra-te em amá-los para que eles se sintam amados, felizes, e com autoestima e capacidade suficientes para irem à procura das suas próprias soluções.

Esta é a melhor forma que tens de ajudar.

JESUS

59

Vidas Passadas

Apesar da dúvida, há o encantamento. Apesar do medo, há o mágico.

Apesar de tudo o que te impede, há o chamamento.

Apesar da vida ser dual, e mostrar as suas nuances, tens de fazer uma escolha.

Vou dar-te um conselho. Uma dica.

Uma fórmula que vai servir para a tua vida sempre que tiveres que fazer escolhas difíceis que partem o coração.

A cada vez que o contra for grande, mas o que está a favor tocar na magia da vida, tal como: chamamento, corpo a vibrar, coração que salta do peito...

Sempre que houver medo envolvido mas também um imenso amor...

Vai. Faz. Avança.

Só quer dizer que é kármico, vem de vidas passadas. Que lá atrás teve as suas questões, os seus problemas, sim, mas que nesta vida há um grande apelo de cura das almas e que, apesar do medo e da memória trazerem emoções difíceis, vocês são almas que se escolheram para estreitar laços amorosos através dos séculos.

Avança, sempre sabendo que há um projeto maior, uma proposta de subida de vibração, uma caminhada evolutiva para duas almas que se predispõem a amar num nível mais alto do que o comum dos mortais.

Jesus

60

Medo

Porque é que queres que as coisas sejam no teu tempo?

Porque é que consciente ou inconscientemente fazes tudo para que as coisas aconteçam na tua medida?

Não aguentas o desconforto, digo eu. Não aguentas que as coisas se posicionem perante as leis da vida.

Crias uma lei própria, que te deixa confortável, e manipulas os dados para que a vida siga segundo a tua lei.

Sabes o nome disso?

Controlo. Medo do desconhecido.

E em vez de encarares esse medo, abraçares esse medo, chorares esse medo e, consequentemente, limpares o karma a ele associado, não.

Gastas muito mais energia a fugir desse medo e a tentar manipular a vida.

E como a vida não é manipulável, sabes o que atrais com essa vibração?

Mais desconforto, mais situações em que o medo do desconhecido se apresenta estoicamente para que te despojes do ego e aceites por fim dar esse passo evolutivo na tua vida.

E isso é o amor que a vida tem por ti.

Amor por ti, pela tua alma, pelas pessoas que deixas de manipular, e, em última análise, amor por mim, por tudo o que te tenho ensinado até aqui.

Como sempre, a escolha é tua.

JESUS

61

Fusão

Como é que te queres sentir todos os dias?

Como é que queres acordar todos os dias?

Qual é a vida mais leve e iluminada que consegues oferecer à tua alma hoje, para que ela consiga viver na matéria?

Já é tão difícil viver aí em baixo, que se não deres espaço aí dentro para a tua alma se poder manifestar, tudo vai ficar cada vez mais difícil.

E o que é dar espaço para a alma se manifestar? É parar de vibrar na energia do outro.

É parar de fazer fusão no outro.

Misturar as energias, perder a tua energia original.

Quando te enches do outro, a tua energia fica sem espaço. Quando fazes fusão, deixas de ser quem és.

Só quando conseguires olhar para o outro longe de ti, e para ti dentro de ti, é que estás preparada para amar verdadeiramente.

Pensa como queres viver a tua vida. Torna isso uma prioridade. Define qual é a forma, qual a energia com que queres encher os teus dias.

E só depois vai procurar alguém que queira ser teu parceiro nessa jornada. Que te respeite. Que te amplie. Que ajude a tua alma a viver aí em baixo.

Se essa pessoa fizer isso tudo com a tua energia, te ajudar a ser mais a cada dia, aí sim, vale a pena apostar nessa relação.

Se, pelo contrário, essa pessoa não dá nenhuma segurança à tua alma, se é autocentrada, se só quer que tu vibres pela energia dela própria, foge. Foge enquanto é tempo.

Por mais que doa agora, a tua alma um dia vai agradecer-te.

JESUS

62

Apego

O ser humano é assim:

Depois de tudo de bom que ele atrai, depois de toda a abundância que ele alcança... ele apega-se.

E no minuto em que se apega, começa a vibrar pelo medo de perder. E começa a descer de vibração.

O equilíbrio entre receber a bênção, entre viver a abundância, aceitar a abundância e começar a apegar-se, esse equilíbrio é muito subtil.

Tudo o que chega no limite vira no seu contrário. E a maior parte das pessoas o que faz é chegar à abundância e deixar-se ser dominada pelo medo de perder.

E da mesma forma que quando vibravas pela abundância atraías abundância, a partir do momento em que viras e passas a vibrar pela perda começas a atrair perda porque começas a emanar medo de perder.

E o que é emanar medo de perder?

É quando te chateias quando não tens, quando cobras o que não tens, quando não agradeces.

Se tu conseguires ficar só no limite da abundância, sem apego, sabendo que só queres o que é para ti, sabendo que enquanto vibrares nessa frequência exata, tudo o que atrais continuarás a atrair – porque só mudas o que atrais querendo, mudas a tua própria vibração... se conseguires ficar aí, terás saído da dualidade e terás entrado num mundo onde a abundância é eterna.

JESUS

63

O Dia Chegou

Essa surpresa fui eu que te ofereci. Fui eu que preparei. Fui eu que descobri.

Eu encontrei-vos. Encontrei as vossas duas almas na imensidão do tempo, e juntei-as. E fui acarinhando-as e aconchegando-as para que as duas se encontrassem.

E esse encontro, quando se deu, subiu mais um degrau no nível vibratório do tempo.

Esse reencontro estava programado há séculos. Que haveria um dia em que vocês iriam encontrar-se em paz. Que haveria um dia em que vocês pudessem escoar todo o amor que vos une. Que haveria um dia em que todos os desencontros fossem anulados, cancelados.

E esse dia chegou.

Esta é a vida que foi escolhida para isso. Para que vocês consigam resgatar toda a emoção, toda a fragilidade que foi tão mal interpretada noutras vidas.

Aproveita. Aproveita esta vida de bênçãos, e vive-a com a maior alegria e leveza.

E não te esqueças de agradecer. A gratidão eleva a tua alma para paragens ainda mais deslumbrantes.

JESUS

64

Quando Amas

O Amor não tem volta. Quando tu amas, tu amas. Podes ser magoada, podes receber infinitas rejeições. Podes *decidir* que não choras mais, que não amas mais.

Mas isso nunca será verdade.

O teu amor pode até estar coberto de mil camadas de defesa, raiva, indignação, ódio até.

Mas isso são apenas camadas. São formas de defesa contra a desilusão e o desalento.

Mas o amor, esse, está lá de pedra e cal. Pronto para ser ativado. Pronto para ser *atiçado*.

E da mesma forma que os navegantes celestes rumam em direção às estrelas, a tua alma ruma em direção a esse amor, no centro de ti, o único lugar da vida que te vai fazer sair desse espaço de indiferença e te vai levar para um pouso de satisfação completa.

JESUS

65

Dar Atenção

Como numa canção romântica, o teu amor dança. Ele existe dentro do teu peito, e "sub-existe" na tua vida.

Faz assim: tenta depositá-lo em todos os lugares.

O teu amor por ti, por mim, pela natureza e pela vida em si.

Tudo o que tu vês à tua volta é resultado de milagres.

Cada coisa, sensação, hipótese ou energia, para existir, percorre longos e intrépidos caminhos.

Temos que lhes dar atenção. E a atenção que dás às pequenas coisas *insignificantes* da vida faz de ti uma força energética indescritível.

Porque é fácil dar valor aos valorosos. Mas dar atenção ao que ainda não se viu, ao que ainda quase não existe...

Perceber a relevância de uma pluma...

Escolher ir por onde não se vai...

É o que faz de ti um ser que abrirá ainda mais fronteiras e trilhará o caminho que só os seres sábios ousaram algum dia experienciar.

JESUS

66

Enquanto...

Longos caminhos te trouxeram até aqui. Longas vivências, pontes ancestrais.

Quantas vezes foste sugada a deixar para trás tudo o que és, tudo o que herdaste como ser, para te dedicares ao que esperam de ti, de modo a seres amada?

Quantas vezes achaste que o que és e o que emanas não satisfaz ninguém e não tem interesse algum?

Quantas vezes achaste outros mais inteligentes, interessantes – infelizmente?

Tenho uma coisa para te dizer:

Enquanto não fores quem és, quem podes vir a ser no teu potencial máximo...

Enquanto não abrires mão da ilusão que tens de que podes ser outra pessoa...

Enquanto não tomares a decisão inequívoca de aceitar que tudo o que tens na vida de mais verdadeiro és tu própria e só tu própria...

Enquanto não começares a procurar a tua verdade interior como se dependesse disso a tua própria sobrevivência...

Enquanto não fizeres isso...

Ninguém te vai reconhecer.

Ninguém te vai entender.

Ninguém te vai ouvir.

Ninguém te vai seguir.

Ninguém te vai amar.
E quando eu digo ninguém, é NINGUÉM.
Nem tu.

JESUS

67

Tudo

O amor está no ar.
Ouve os passarinhos. Observa as borboletas.
Eles não complicam. Eles amam tudo, não uma só coisa.
E quando não são correspondidos, avançam para a próxima. Não são exclusivistas.
Quando não conseguem uma coisa, tentam outra. E quando não conseguem essa outra, tentam mais uma.
Eles têm tanto por onde escolher!
Porque sempre aceitaram tudo, andam por toda a parte, amando tudo, absolutamente tudo.
Tu, por outro lado, estás aí. Presa porque não tens opção.
Só tens isso. Se perderes, ficas sem nada.
Não tens outras possibilidades.
Não investiste em mais nada.
Não focaste em mais nada.
E quando perdes o objeto do teu foco, parece que nada na vida tem importância alguma.
Ao focar no outro, perdeste-te.
E agora perdes o outro, com o único e sábio intuito de te voltares a encontrar.

JESUS

68

Consistência

Está a faltar consistência. Consistência afetiva. Consistência amorosa.

Está a faltar aquilo pelo qual os amantes se juntam. A ligação. A união primordial.

Sempre que duas pessoas decidem ficar juntas, essa decisão quase nunca é mental.

Ela é química, ela é esotérica, ela é da Alma.

A Alma é aquela que junta. O Ego é aquele que separa.

Sempre que duas pessoas que sentem o apelo mais profundo de que há memória se encontram, essa união ecoa através do tempo.

Ela vibra através dos séculos.

E quando essas duas energias se voltam a encontrar – numa vida futura –, elas ainda sentem o toque, a fisicalidade da vibração.

É isso que está a faltar. Essa chispa de vínculo, essa memória vibratória do que fez as vossas duas almas – lá atrás – ficarem juntas.

O que falta é trazer para o hoje o início de tudo.

O início do todo.

JESUS

69

Sexo

O sexo é a mais sagrada das matérias drásticas.

É onde, aí em baixo as almas se fundem.

Não uma fusão em que uma alma anula a outra. Não uma fusão em que uma alma fica dependente para todo o sempre daquela experiência.

Nada disso.

Fusão no sentido de duas energias que se tocam no mais profundo sentir energético, e que trazem cada uma a sua vibração.

E essa junção cria uma vibração totalmente nova, nunca vista. Nunca sentida.

E cada uma dessas novas vibrações faz o Universo ficar mais amplo. Mais rico. Mais forte.

Por isso é que eu digo: "O sexo é o caminho do sagrado. O orgasmo é a eternidade na matéria."

Mas para isso tem que ser puro. Tem que ser enorme.

O sexo com medo, com moralismo, com ansiedade, com pressão, com violência é apenas mais uma ação conflituosa que não eleva frequências vibratórias. Não te leva ao Céu.

O amor é a via. A cumplicidade é a forma.

O sexo é milimétrico.

A entrega deve ser total.

A confiança deve ser maior.

E a magia cria-se ali. Naquele instante, naquele momento.

E se for pelo prazer, que se faça. Para que a sensação de clímax seja eterna, e alcance altíssimas nuances.

E se for para fazer um filho, que se faça em doação, para que essa nova energia tenha a força do Céu.

Das duas formas, as almas ficam mais fortes depois de uma noite de amor.

Das duas formas, eu acarinho e abençoo daqui de cima.

Jesus

70

Amor na Matéria

Não há um instante do Amor onde ele tenha condição de vibrar baixo.

Onde ele seja pesado ou denso.

O Amor é daqui de cima.

As pessoas tentam adaptá-lo à dualidade daí de baixo.

Aí em baixo, nada é absoluto. Tem sempre o outro lado da moeda.

Viver o Amor na energia da matéria, é entender que a condição humana é dual. Por muito que sintas uma coisa, vai sempre haver o momento em que vais sentir o oposto.

Por isso é que se diz que eu disse: "Só o Amor salva."

Disse-o, sim, mas por outras palavras.

Porque quanto mais tu, aí em baixo, sentes o amor, e quanto mais vais anulando sentires o oposto, mais te vais distanciando da matéria, mais te vais elevando e alcançando o Uno – a maior força – para que chegues aqui acima sem maiores hesitações.

Viver o amor sem dualidade é subir o mais alto que é dado a um ser humano subir. É vivenciar o Amor Incondicional.

E quanto mais amas, mais negas o que não seja amor, e mais sobes.

Como é difícil fazer isso aí em baixo.

Como é divino ver isso daqui de cima.

JESUS

71

Pacto

Temos um pacto. Eu e tu.

Temos um pacto de união.

Combinámos aqui, antes de desceres, que irias olhar para mim e cuidar da minha devoção a ti.

Mesmo que isso custasse.

Mesmo que isso doesse.

Mesmo que daí, no meio da confusão, no meio do desamor, chegasses a duvidar do Céu, chegasses a duvidar de mim.

E do nosso pacto.

Hoje estás aí, e sei que me chamas. Sei que me vês.

Por mais difícil que tenha sido chegar até aqui, o nosso amor venceu.

E se conseguires, aí em baixo, sentir o amor que tens por mim...

Se conseguires só sentir, e deixar que as tuas ações sejam matizadas por esse sentimento, vais ver que tudo se vai ajeitar para que venhas ter comigo.

E nesse instante, irás ter contigo.

Amar-me tem a mesma vibração do amares-te.

Só precisas de perder um pouquinho de terra.

Só precisas de ganhar um pouquinho de Céu.

JESUS

72

Escolher o Amor

Amar alguém é levar para a Terra um pouco de energia daqui de cima, do Céu.

Na Terra, o sentimento dominante é o medo.

No Céu, o sentimento dominante é o Amor.

E é a junção desses dois que perfaz a experiência do Ser Humano na matéria.

Quanto mais um cresce, mais o outro definha.

E fazer crescer um é uma escolha. É o livre-arbítrio a ser materializado na sua máxima dimensão.

E quando escolhes o Amor e rejeitas o medo, estás a elevar-te, e a chegar cada vez mais perto do Céu.

Mas dói. Sim, dói.

Se escolheres o medo também vai doer, com a diferença de que a dor não passa.

Quando escolhes o Amor, no meio da mais alta adversidade, é quando cumpres a matéria.

É quando finalmente compreendes o que foste fazer aí abaixo, à Terra.

JESUS

73

É Amor

O Amor é um treino.

Quando te habituas a amar o canto dos pássaros, quando te habituas a agradecer a presença das flores na tua vida, quando honras o amor que sentes no peito a cada vez que saboreias um prato feito com doçuras, a cada vez que pairas no ar por veres fogos de artifício...

Todas essas chispas de energia, sentidas vezes e vezes sem fim, são o melhor treino do amor.

Porque depois, quando sentires esse sentimento por alguém – naturalmente maior, mais grandioso e com mais borboletas na barriga – vais saber do que se trata. Vais reconhecer.

É Amor, sim. E é verdadeiro.

Já conheces. Já sentiste.

Não tão enorme. Nem tão sincero.

Mas a vibração é a mesma. Quando sabemos o que sentimos e sabemos que o que sentimos é amor, tudo fica mais fácil.

Por isso, vai. Já sabes o que é.

Agora só falta preparares os teus exércitos amorosos para conquistar o castelo mais fundamental.

O coração da outra pessoa.

Vai, não te esqueças de expressar o teu amor por todos os poros.

Com gestos, palavras, ações... e principalmente com a tua energia.

E a melhor forma de passares pelo que tens de passar se a rejeição for premente, é agradecer.

Agradecer a presença da pessoa na tua vida.

Agradecer o facto de teres a quem amar... e a quem agradecer, pois a gratidão muda a energia, eleva-a.

Nem todos têm esse privilégio.

E isso faz toda diferença.

JESUS

74

Pára

Sempre que amas, o teu coração enche-se.

Sempre que confundes o teu amor com uma outra vibração, o teu coração encolhe.

Sempre que usas – mesmo inconscientemente – a "sensação" do amor para chamá-lo de tal, sendo que o que de facto estás a sentir é carência, insegurança, necessidade de estabilidade...

Sempre que precisas da outra pessoa por medo de estar contigo...

Sempre que usas o amor para mascarar emoções de fuga e de restrição, estás a fazer um duplo mal:

Ao outro, porque incentivas nele uma rendição e entrega de uma emoção tua que não é verdadeira.

E a ti, porque ao apelidares de "Amor" o que sentes, acabas por ampliar vibrações densas fazendo com que a médio prazo atraias muito sofrimento.

Por isso, pára.

Pára.

Sente, entra dentro de ti.

Aí dentro, como está? Está bom? Agradável? Tem algum peso do qual te queres ausentar?

Se sim, fica. Sente. Sente a dor, sente a necessidade de fugir.

Aspira o peso, coloca Luz. Fica em Luz o máximo de tempo que conseguires, para que o peso não volte.

Só então, depois de tudo limpo, poderás ver o que sobra, a vibração que ainda se sustenta. E se o remanescente for Amor – e for grande – podes avançar.

Podes vibrar por esse amor, e subir por ele até ao mais alto dos Céus, porque é aí que reside a tua verdadeira felicidade.

JESUS

75

A Condição do Amor

Quanto mais buscas, mais te perdes.

Quanto mais *queres* um amor, *procuras* um amor, mais solitária te sentes com a sua não chegada, com o seu não aparecimento.

Uma coisa é *querer* amor, outra é *sentir* amor.

A primeira é do ego, a segunda é da Alma.

Quanto mais vibras pelo *"eu quero"* do ego, quanto mais vibras pelo *"deve estar em algum lugar"*, mais procuras fora de ti própria.

E sempre que vocês procuram algo fora de si próprios, dentro da vossa energia fica um vazio imenso.

E quanto mais procuras, mais olhas para fora, maior fica o vazio.

O amor não mora no vazio.

O que mora no vazio do peito é a carência.

Tal como o que mora no vazio da mente é a ignorância.

O que fazer, então?

Ama. Ama qualquer coisa.

Ama-te. Ama bocados de ti. Características tuas.

Ama a tua família. Se não conseguires amar a pessoa inteira, ama características dela.

Ama os teus amigos. Características deles.

Ama pessoas. Ama animais. Ama árvores, flores, frutos.

Ama o que comes. Ama como andas, para onde vais. Principalmente ama de onde vens.

E vais ver, que de tanto amares, de tanto exerceres a condição do amor, essa vibração vai crescer em ti, vai ampliar-se a partir de ti, sempre em expansão, e vai lá à frente encontrar e trazer-te o grande amor da tua vida.

JESUS

76

Subir

Imagina o canto de um pássaro.

Suave, finíssimo.

Imagina que esse canto se eleva mais. Fica mais fino, mais suave.

E mais...

E mais...

E chega uma altura em que a tua audição já não consegue captar esse canto, de tão suave e tão finíssimo que está.

Mas ele ainda se eleva mais e mais e mais.

Tu sabes que está lá. Sentes, intuis que está lá. Só não consegues ouvir.

E o facto de saberes que ele está lá e que não o alcanças, faz com que te eleves, faz com que a tua consciência se expanda, na tentativa de chegar.

Faz com que queiras subir, para te poderes ampliar ainda mais...

Sentir tão grandiosa experiência.

Assim é o meu Amor por ti.

Suave, finíssimo, até à mais alta vibração.

Chamo-te, elevo-te, trago-te aqui para cima, para que consigas alcançar outros voos, ouvir outros cantos, sentir outras vibrações.

E isso vai fazer com que a tua Alma consiga, nem que seja por um instante, sentir que voltou para casa.

Porque a casa dela é aqui.

JESUS

77

O Meu Amor por Ti

De todas as vezes em que Eu te chamar, a que for por Amor é a mais ambiciosa.

Vou chamar-te para te ensinar, quando precisares de aprender.

Vou chamar-te para te apoiar, quando precisares de te recostar.

Vou chamar-te para te inspirar, quando precisares de te render.

E vou chamar-te para te amar. Só para te amar.

Porque sei que nesse momento vais estar em dúvida. Vais estar em dúvida da missão, vais estar em exigência da função. E vais odiar-te por achares que não consegues.

Eu vou chamar-te para te amar, para exercer-me mais um pouco. E que esse amor te faça acreditar que cumpriste tudo, que a dificuldade em encontrar o caminho é natural, só mostra o teu compromisso.

Só mostra o teu amor por mim.

Talvez o meu amor te ensine que a Missão, o "caminho", é apenas uma volta à origem. Uma volta ao Céu e a tudo que vibramos por aqui.

E no dia em que conseguires sentir o meu amor, pode ser que finalmente te perdoes, pares de te exigir, de te odiar, e consigas apenas olhar para cima – olhar para mim – sorrir, e dizer: "Estou a conseguir amar-me."

E esse amor por ti vai ampliar o meu amor por ti. E o teu amor por mim.

Esse amor por ti vai mostrar a todos que eu existo aí.

Em ti.

JESUS

78

A Dor

Às vezes, amar dói.

Às vezes, a dualidade mais antiga, o amor e a dor, acontecem.

Sobrepõem-se. Um não existe sem o outro.

Contrariamente àquela dor desalmada, àquela dor desumana, "desemocionada", a dor provocada pelo Amor é uma dor necessária e nutritiva.

Provavelmente passaste séculos a fugir dela. Séculos de feridas ancestrais, onde a boca calou e o coração secou.

E agora a dor escolheu o amor como cúmplice para que o desapego se dê.

A única coisa que podes fazer agora é chorar essa dor.

Se quiseres manter esse amor.

Para que o amor não desista do teu peito, tens que aceitar essa dor.

Não precisas de aceitar essa situação em que te encontras, não precisas sequer de manter as coisas como estão, mas tens que aceitar a dor. Aceitar que dói, aceitar que a dor vai ter de sair da forma mais pacífica possível: chorando.

Por mais que doa, por mais duro que seja, não deixes de amar.

Não deixes de iluminar os teus dias com a mais lúdica das emoções, para que um dia, quando parar de doer, teres construído a tua própria estrada que te vai levar ao Céu.

E Eu estou aqui para te acompanhar nessa jornada.

JESUS

79

Tu Amas?

Agora, que estamos aqui só os dois – só tu e eu –, vou fazer-te A PERGUNTA:

Tu amas?

Realmente amas? Queres que a pessoa seja feliz independentemente de a teres por perto?

Queres que ela seja livre para ser quem ela é, independentemente de essa liberdade te ser desconfortável?

Queres que os olhos dela brilhem de alegria porque a alma dela está leve, mesmo que precises de abrir mão de algumas coisas que te são queridas?

É porque amar, é isso.

Amar verdadeiramente não tem nada a ver com querermos a pessoa perto de nós, a concordar connosco, a abrir mão de coisas que para si são queridas...

Só para a nossa vida ser mais fácil.

A isso não se chama amor. Tem outro nome: apego, egoísmo, manipulação, círculo de conforto.

Por isso agora é hora para parares de correr nesse caminho confuso de autoafirmação, e pensares: Tu amas? Verdadeiramente?

Se sim, olha para o teu peito e deixa que se abra, deixa que escorra dele essa abundância própria de quem destila Amor.

Abre mão de toda a carência, de toda a manipulação amorosa, corre lá e edifica uma vida que seja gloriosa para os dois.

Se não amas, se só queres mais matéria-prima para a tua posse, orgulho, controlo, ou o que queiras chamar, ficamos por aqui.

JESUS

80

O Ódio

O ódio também pode ser amor.

Quando odeias muito uma pessoa...

Quando te dás ao trabalho de perder imenso tempo, imensa energia para odiar uma pessoa...

Quando dissecas cada minuto, cada circunstância em que ela te fez sofrer...

Quando focas nesse sofrimento vezes e vezes sem conta...

É como se estivesses apaixonada, mas ao contrário.

É como se o amor imenso que sentes tivesse sido traído.

É como se essa pessoa tivesse destroçado o teu coração de tal forma, que achas que precisas de matar o amor por ela – em ti.

Só que o amor não se mata. Não se destrói.

Ele fica ali, a marinar com o tempo.

Fica. Fica. Fica.

Até que, de tanto tentares odiar para te defenderes do amor que sentes, de tanto tempo que deixas passar por cima dessa enorme ferida, um dia consegues colocá-lo – o amor – no local menos visível, menos "sentível", menos sensível.

Mas cuidado.

Cuidado porque um dia podes estar distraída, desprevenida, e esse amor vai irromper com toda a força e tomar conta do teu peito, da tua vida.

E aí não vais conseguir mais travar, como tens feito.

Como fazer, então?

Como parar de sofrer, sem odiar?

Como aguentar o sofrimento, a mágoa, a dor, sem se defender? Sem recorrer às mais baixas frequências que minam a tua energia?

Esse é um dos maiores dilemas do ser humano. Essa é uma das tarefas mais sublimes que vocês vão fazer aí em baixo, à Terra.

Escolher a Luz no meio da densidade. Escolher a Luz, apesar da tristeza.

Amar o amor.

Mesmo que não consigas fazê-lo agora, começa.

Devagar, vai olhando para o ódio, a raiva, a revolta, e conversa com eles.

Diz-lhes que estão a levar-te para um lugar ruim.

E aos poucos vai compreendendo que essas emoções são básicas – nasceste com elas –, mas que vieste transmutá-las.

Pensa num fogo. Pensa nesse fogo como um fogo sagrado.

Envia essas emoções, uma a uma, para serem queimadas.

Liquidadas.

Entende que elas só dizem respeito ti. É a ti que elas pertencem. E como não queres ser "possuidora" dessas emoções no teu sistema vibratório, atira-as para a fogueira. E deixa-as a queimar, lentamente.

Cada vez que elas estiverem a querer voltar, volta a fazer a escolha:

Queres ser a "possuidora" dessas emoções?

Se não, chama o fogo sagrado, e queima novamente.

E novamente.

E novamente.

E um dia, sem que tu te apercebas, vai começar a aparecer no teu peito uma Luz, uma imensa Luz quentinha, e leve, e fresca, e poderosa.

A essa Luz eu costumo chamar Amor.

E nesse dia estarás curada.

Como uma mensagem que ditei há alguns anos:

“E o quente
No peito
Fui eu que pus
Porque eu sou Luz
Assinado,

JESUS”

81

Vibração

Só existe uma vibração mais alta do que a do amor. Só uma.

Mas é vedada aos seres humanos.

Podem até compreender.

Podem até tentar chegar lá. Treinar.

Mas por serem duais, que é uma característica da matéria – mas não é uma característica do céu – não chegam lá.

A não ser quando ascendem. Quando perdem dualidade, perdem conflito, perdem violência.

Só existe uma vibração mais alta do que a do amor.

Podes tentar dedicar uma vida a alcançá-la, e nessa vida podes evoluir muito, só por tentar alcançar.

Podes subir, conseguir, e depois falhar, regredir. Mas se confiares no percurso, voltas a subir, e a conseguir.

E a cada dia consegues mais um bocadinho.

Vale a pena tentar alcançar essa vibração tão alta.

Ela é a minha vibração.

O nome dela é: Amor Incondicional.

Sem condições.

Amas o mundo, as pessoas, as coisas, tal e qual elas são.

Sem julgamentos, sem quereres modificá-las. Em vez de te concentrares nas críticas, no perfeccionismo, concentras-te no ato de amar sem crítica.

É fácil? Não. Quase impossível para um ser humano, dual, que precisa de se alimentar da negatividade.

É impossível? Não, se o ser humano compreender que a crítica é o alimento do ego, e se se predispuser a trilhar esse caminho tão elevado.

É viável? Mesmo que não consigas 100%, um momento de amor incondicional sentido por um ser humano – que tecnicamente é incapaz de o sentir – conduz mais energia que toda galáxia durante séculos.

Um momento de amor incondicional sentido por um ser humano prova que a dualidade é coisa do passado e que há uma esperança no engrandecer da humanidade.

Queres tentar?

JESUS

82

Um Anjo

Aí, dentro do teu peito, mora um Anjo.

Tudo o que lês neste livro, ele ouve. Não só ouve, como ganha uma esperança secreta de que o alimentes.

De que pares de o encher de defesas, de argumentos embebidos em fel.

Quanto mais lês este livro, mais o teu Anjo se cura. De séculos de maus-tratos, congregações do mal.

Tu vais lendo, e por um misterioso túnel de informação secreta, os átomos de que é feito o teu Anjo vão despertando. Vão sendo sacudidos de todo o desamor e estrago. E ele vai revivendo e revitalizando.

E porque o Anjo que mora no teu peito é feito de amor, quando ele é despertado, é o teu próprio amor que é despertado. É o teu próprio amor que é autorizado a sonhar.

Sonhar com uma vida mais ampla, mais grandiosa – porque é o amor que engrandece as coisas.

Sonhar com uma vibração mais leve, mais constante – porque é o amor que retira todo o peso.

A única coisa que tens que fazer, que deves fazer, é escolher. Ler este livro do amor, e escolher que sim.

Que sim, que estás pronta, que desejas ardentemente vibrar mais leve, subir mais alto e vires a encontrar-te comigo.

Porque eu sou Amor.

E da mesma forma que quem odeia desce, quem ama eleva-se. E vem pra mim.

Deixa que o teu Anjo suba. Deixa que ele suba e que te traga.

E prepara-te, porque deixar Anjos comandarem a nossa vida, é só por si o ponto de chegada e o ponto de nova partida.

JESUS

83

Apaixonada

Estrelas. Estrelas. Estrelas.

A Lua. Estrelas. O céu escuro, azul-escuro, estrelado.

Lua. Linda, a lua.

Este é o discurso dos apaixonados.

E porquê? Porque quando se ama, só se quer beleza. Só se quer lirismo, só se quer altíssimas vibrações.

Quando se ama, tudo o que é triste vai-se embora. Dispersa-se. Dilui-se.

Até os teus problemas viram pó quando amas.

Vive como se estivesses completamente apaixonada. Completamente em êxtase. Vive a tua vida como se o amor fosse a grande concentração, como se não houvesse desilusões, rejeição, tristeza.

Vive a vida de forma amorosa, a espalhar amor. E quando te sentires em baixo, ama outra vez.

Vai ao teu peito buscar mais desse amor que tens tanto e que tanta falta faz às pessoas.

Concentra-te no teu amor.

E quanto ao resto, deixa que já passa.

JESUS

84

Insulto

Sabes porque é que a menina de cinco anos ama tanto a sua boneca?

Porque é que ela cuida tanto, porque é que se preocupa tanto, porque é que está sempre focada nela?

Porque a boneca não responde. Não rejeita. Não mente. Não trai. Não omite. Não castiga. Não destrata. Não se vinga. Não maldiz. Não reage. Não insulta.

Ela fica só ali, quieta, imune a qualquer provocação.

A criança pode estar maldisposta, berrar, gritar, e a boneca está só ali. Impávida e serena.

O problema é que a criança cresce. Esse modelo de relacionamento não a preparou para a vida adulta.

A boneca não lhe disse que os filhos iam chorar, resmungar, gritar, espernear, serem malcriados, mentir. Insultar.

Não disse que eles iam responder quando ela estivesse maldisposta.

Que iam bater com as portas, gritar de volta.

Que iam reagir.

Não disse que os outros à sua volta só iriam gostar dela se ela fosse boazinha. Escandalosamente boazinha.

A criança aprende um tipo de amor e depois, conforme vai crescendo, vai sendo confrontada com outro tipo de amor. Mais terreno. Mais real. Mais brutal.

Ninguém lhe ensinou a relacionar-se com isso.

Ninguém lhe ensinou que o amor tem mil formas. E como é revolucionário aprender todas as suas nuances.

Quando gritarem contigo... ama.
Quando te traírem... ama.
Quando te ignorarem... ama.
Quando te mentirem... ama.
Quando te omitirem... ama.
Quando te castigarem... ama.
Quando te destratarem... ama.
Quando se vingarem... ama.
Quando te maldisserem... ama.
Quando reagirem... ama.
Mas neste caso, amar não é ficar ali a sofrer.
Amar também não é responder na mesma moeda.
Neste caso, amar é dar o limite, amorosamente.
Se ser amorosa e ficar não for bastante, sê amorosa e vai.

É um percurso longo e difícil este aprendizado, mas é essencial, muda vidas, muda parâmetros, muda condições.

E se tu estiveres disposta a aprender isso, vou elogiar-te e ser grato pelo resto da eternidade.

Jesus

85

Escolha

Evoluir é, no meio da densidade, escolher o amor.

E quanto mais se escolhe o amor, mais ele se instala e consolida, mais ele se engrandece e ilumina.

Amar é uma escolha.

Os dias não são todos bonitos, não são todos iguais.

Amar é compreender isso e reajustar a média.

A vida nem sempre é branda.

Amar é saber disso e amortecer a queda.

As pessoas nem sempre são perfeitas.

Amar é acolher isso e devolver a harmonia.

As pessoas nem sempre conseguem ficar juntas.

Amar é considerar isso e saber quando partir.

Ou Superar isso e escolher ficar.

JESUS

86

Universo Paralelo

O Amor existe num "universo paralelo".

Onde tocam sinos em catedrais de ouro, onde borboletas voam como pingentes cristalinos. Onde sereias cantam maravilhadas e almas se encontram nos altares.

Esse mundo encantado existe. É invisível a lógica, à tua mente, mas existe para quem quiser aceitar e compreender.

Aceder a ele é uma arte. Numa primeira fase, apenas acontece. Não se pode provocar, não se consegue controlar. Pode acontecer quando nasce o teu filho, quando conheces uma alma companheira, quando perdes algo ou alguém que achavas que ias ter para sempre.

Esses acontecimentos existem na tua vida para que possas criar dentro de ti nascentes energéticas de amor, que vão ficando colados ao teu sistema vibratório para que, quando acontece alguma coisa, possas evocá-los.

O que acontece é que vocês se esquecem. Esquecem-se de evocar. Esquecem-se que têm esse património amoroso por resgatar.

E aceitam odiar.

E quando aceitam odiar, o ódio começa também ele a desenvolver-se. Por escolha tua, por não resgatares o manancial amoroso que construíste, deixas a densidade entrar.

E a vida começa a complicar-se. Começas a perder o prumo, a perder a leveza, a perder a amplitude. Deixas de aceder ao "universo paralelo". Deixas de sonhar.

E passas a ficar só aí em baixo na matéria.

E a vida fica chata.

Solução?

Estar sempre a relacionar-se com o "universo paralelo". Não deixar o portão fechar-se.

Canta, ri, dança, cuida de ti. Passeia, planta, toca, escreve, sonha.

Todo o universo lúdico abre portais.

Todo o medo os fecha.

Nunca te esqueças de estar sempre a acumular energia amorosa – quando estiveres bem – e a ir resgatar a energia guardada – quando as coisas começarem a descarrilar.

Assim nunca desamas.

Assim nunca te perdes.

JESUS

87

Rejeição

Lidar com a rejeição é terrível.

Sentir-se rejeitada é o pior dos tormentos.

É a pior das dores.

A sensação de inferioridade, de não servir para nada, de "todos são melhores do que eu".

A sensação do desamor, do oposto do amor.

Dá vontade de não sair mais da cama. Dá vontade de morrer.

Mas espera.

Responde-me.

Porque é que uma pessoa se sente assim quando é rejeitada?

Às vezes o outro não diz que és minúscula, nem inferior, nem que não serves para nada!

Às vezes o outro *apenas* não ama.

Isso nem quer dizer que não goste. Ele até gosta, só não ama.

E então? A pessoa sente-se assim, porquê?

Porque realmente acredita que sim. Que é inferior, que não serve para nada e mais umas tantas infinitas coisas.

Ela acredita realmente nisso. E quando é amada, relaxa. Porque é o outro que diz que ela é sensacional. Não é ela quem diz que é sensacional.

Ela depende do que o outro diga.

E quando o outro pára de dizer, ela volta para o seu estado natural do auto-ódio.

Então, espera: quem te rejeita não é o outro. Quem te rejeita és tu.

Apenas usas o outro que te elogia para descansares um pouco do que sentes por ti.

Ora a vida, sábia e tão pertinente, mexe os pauzinhos para que outro te rejeite – mentira, tu é que atrais, com essa energia de auto-ódio, autodesprezo e autoboicote.

Para quê?

Para que, cada vez mais, fique clara esta equação:

Eu + outro que ama = amo-me

Eu + outro que não ama = odeio-me

Eu – outro = odeio-me

Auto-ódio = autodesprezo = autoboicote = autonegligência = não evolução

Como ódio significa não evolução, esta equação tem que ser resolvida dentro de ti.

Sempre que tu envias para ti própria energia negativa, a evolução pára. E quando a evolução pára, nada pode continuar como está.

Esta situação tem que ser revertida.

Cada passo que deres no cuidado contigo, no amor contigo, na gentileza contigo, na não exigência, no não julgamento, na não culpa, estás a evoluir.

Estás a vir ter comigo.

Estás a dirigir-te para cima, para que nos possamos encontrar.

Para que eu possa por fim dar-te um pouquinho de colo e apaziguar todas as tuas aflições.

JESUS

88

Podes Vir

Eu estou aqui à tua espera.

Quando precisares, quando quiseres.

Podes vir para desabafar do desamor, ou para me contares as tuas aventuras.

Pode ser para fazeres as perguntas mais doidas, ou para discutires comigo porque não aceitas a vida como ela é.

Pode ser para me mostrares como o mundo anda, ainda injusto, ou para me agradeceres por mais uma bênção.

Mas vem.

Não fiques a achar que eu não te oiço só porque tu não me ouves.

Não fiques a achar que eu não falo contigo. Não precisas de ouvir a minha voz para me compreender.

Lê-me. Sente-me. Perceciona-me.

Ama-me como eu te amo a ti, e vais ver como vais passar a entender nas transparências.

Nas eloquências.

Eu estou aqui.

Para ti. Para o que precisares.

Sei que não respondi à tua pergunta – podes perguntar outra vez –, mas eu não podia ir-me embora sem te dizer isto.

JESUS

89

Ama

Ama o Amor.

Ama-o só pelo simples facto de ele existir.

Ama a sua essência, a sua intensa criatividade.

Ama a sua presença.

Ama tudo aquilo em que te tornas quando o sentes.

Ama o que acontece na sua presença. Ama o estado.

Ama o folclore à sua volta.

Ama o intenso, o ardente, o "glamoroso".

Ama a sofreguidão com que é vivido, a intenção com que é declamado.

Ama as borboletas na barriga e os passarinhos na primavera.

Ama o nascer do sol de mãos dadas e o encantamento.

Ama sobretudo o encantamento.

E quando já estiveres preenchida de tanto amor, quando estiveres a rebentar de ter amado tanto, abre o teu peito, e projeta essa força para o Universo.

Fica assim um tempo.

Depois, começa tudo outra vez.

JESUS

90

Só Mais Uma Coisa

Só há mais uma única coisa que tenho para te dizer:
Ama, e pronto.
Pára de reclamar.
Pára de sofrer.
Pára de trair.
Pára de julgar.
Pára de te culpar.
Pára de te diminuir.
Pára de te engrandecer.
Pára de fingir.
Pára de fugir.
Pára de praguejar.
Pára de convocar.
Pára de chorar.
Pára de te iludires.
Pára de te desiludires.
Pára com esse vai-e-volta, com esse ioiô emocional.
Pára com tudo.
Ama e pronto.
E se, para amar, fizer sentido ficar perto...
Fica.
E se, para amar, fizer mais sentido ficar longe...
Vai.

JESUS

Índice

EDITORA
Pergaminho

Rua Prof. Jorge da Silva Horta, n.º 1
1500-499 Lisboa | Portugal
Tel. (+351) 217 626 000

www.pergaminho.pt